JN241855

スポーツマネジメント
実践の現状と課題

▶東海地方の事例から◀

大野 貴司 TAKASHI ONO

三恵社

はじめに

　「スポーツマネジメント」とは，プロスポーツリーグ・クラブやスポーツ用品メーカー，スポーツ小売店，フィットネスクラブなどスポーツ組織の存続・成長を実現するための方策のことである。スポーツマネジメント学（スポーツ経営学）とは，スポーツ組織自体やそのマネジメント活動を研究の対象とする学問のことである。このように考えるならば，スポーツマネジメント学を修めるためには，その研究者は，その分析枠組みとなる経営理論の習得のみならず，自らの研究対象であるスポーツ組織やその経営実践について常に関心を持ち，そのミクロ的，マクロ的な動向にも常に気を配る必要があると言える。

　本書は，こうした課題意識の下に執筆されている。具体的に言えば，スポーツマネジメント学の学問的な拡張を目指して執筆されたものではなく，スポーツマネジメントにおける研究対象となる個々のスポーツ組織の経営実践のミクロ的，マクロ的側面の一断面，すなわち，スポーツマネジメント実践の姿を明らかにすることにより，スポーツマネジメント学の研究者に対して，彼らが研究の対象とするスポーツ組織や，スポーツマネジメント実践に関する基礎的な資料を提供することを課題としている。その意味では，スポーツマネジメントの「研究書」というよりも，スポーツマネジメントの実践の現場を紹介する「実務書」に近いスタンスを採用している。それゆえ，研究フィールドとしてスポーツ組織やスポーツ経営実践に関心を持つスポーツマネジメント領域の研究者のみならず，スポーツマネジメントに関心のある大学生や大学院生，社会人の方にも楽しんで読んでもらうことができるものと考えている。この 10 年強（具体的に言えば，早稲田大学がスポーツ科学部を開設し，びわこ成蹊スポーツ大学が開学した 2003 年以降）で，「スポーツマネジメント」，「スポーツビジネス」を冠する大学の学科やコースはとりわけ経済，経営系学部において飛躍的に増えているが，その一方で出口（就職先）開拓はあまり進んでいないように見受けられる。大学生の読者の方々には，本書がスポーツマネジメント領域におけるキャリア・モデル（スポーツマネジメントを学ぶとどのような仕事ができるのか，今学んでいることは将来

とどのように繋がっているのか）を考える機会として欲しい期待もある。このように本書は，スポーツマネジメント実践に関する実務書として活用することも，スポーツマネジメントの研究者がスポーツ組織やスポーツ組織のマネジメント実践について理解する上での基礎的な資料として活用することも可能である。

　本書は，その副題（東海地方を中心に）にもある通り，編者以外，岐阜県，愛知県，三重県など東海地方に活動の拠点を置く大学教員，実務者により執筆されている（編者もまた2007年から2016年までの9年間岐阜県大垣市に位置する岐阜経済大学に在職し，経営学部スポーツ経営学科の「スポーツ経営論」担当教員としてスポーツマネジメントの教育研究に従事してきた）。いずれもが研究のみというスタンスではなく，自らが実践として携わっているフィールドを有しており，各章の著者は，自らの実践フィールドを本書における執筆対象にしている。それゆえ，本書では東海地方のスポーツマネジメント実践にフォーカスし，そのミクロ的，そしてマクロ的な姿を明らかにしていきたいと考えている。本書では，スポーツマネジメント実践の紹介に主眼を置いているゆえ，東海地方のスポーツマネジメントならではの特性，他の地域のスポーツマネジメント実践との比較などについては検討をしていない。それについては次回作の課題としたい。

　次に，本書における各章の内容を簡潔にではあるが紹介したい。第1章（大野貴司著）では，スポーツマネジメントにおける実践と研究の関係のあり方について，戦後の一般経営学の代表的な研究者でもある一橋大学名誉教授の山城章の実践経営学を手掛かりに明らかにしている。第2章（坂本桂二著）では，岐阜県に拠点を置く長良川鉄道株式会社のレンタルサイクルに関する取り組み事例の紹介と，サイクルツーリズムの課題について論じている。第3章（石原英明著）では，岐阜県に拠点を置くIGSユニバーサルスポーツクラブの取り組み事例の紹介と地域スポーツクラブの経営課題について論じている。第4章（岡将志著）では，愛知県に拠点を置くバッティングマシーンのレンタルを主たる事業とする合同会社SSCの取り組み事例の紹介と学童野球の展望について論じている。第5章（黒川祐光著）では，総合型地域スポーツクラブによる公共施設の管理（指定管理）とその展望について三重県の総合型地域スポーツクラブを中心に論じている。

第6章（中宗一郎著）では，岐阜県に拠点を置く公益財団法人岐阜県体育協会スポーツ科学センターの取り組み事例から同県における陸上競技界の課題と展望について論じている。第7章（小椋優作著）では，岐阜県を中心とした小学校体育科教育の現状と課題について論じている。第8章（柿島新太郎著）では，著者が監督を務める中部学院大学男子バレー部の取り組み事例を中心に，その現状と課題について論じている。第9章（庄司直人著）では，スポーツ領域のリーダーシップ教育の方法と課題について著者が教鞭を取る朝日大学保健医療学部スポーツ健康学科における取り組み事例を中心に論じている。最後の第10章（篠田知之著）では，スポーツマネジメント系大学の現状と課題について，著者の勤務先でもあり，全国2番目に「スポーツ経営学科」を設立した岐阜経済大学の取り組み事例から論じている。

　本書のいずれの著者も，編者である大野が前任校である岐阜経済大学経営学部に在職し，スポーツマネジメントの教育研究活動，社会的活動に従事していた時にご縁の出来た方々である。今回の編者の「東海地方のスポーツマネジメント実践を紹介する書籍を作りたい」という面倒な申し出，依頼を快くお引き受けいただいたことに心より御礼を申し上げたい。東海地方に活動の拠点を置く著者の方々の優れたスポーツマネジメント実践に触れることができたことは，編者をスポーツマネジメントの研究者，教育者として大きく成長させてくれたものと確信している。改めて初任校が東海地方の大学であったことを感謝するとともに，こうして著者の方々とともに自らの9年間の東海地方における教育研究活動・社会的活動についてまとめることができたことを嬉しく思う。本書は，編者にとって岐阜県における教育研究活動，社会的活動を総括するある意味での「卒業論文」とも言えるであろう。

　また，本書の公刊にあたっては，株式会社三恵社代表取締役木全哲也氏にひとかたならぬご支援をいただいた。この場を借りて厚く御礼申し上げたい。

　末筆になるが，編者を設立2年目であった岐阜経済大学経営学部スポーツ経営学科の「スポーツ経営論」の専任教員として採用して下さり，東海地方でスポーツマネジメントの教育研究活動，社会的活動を行う機会を作ってくださった岐阜

経済大学名誉教授の福地和夫先生（生涯スポーツ論）にも御礼を申し上げたい。そして，福地先生のご冥福を心よりお祈り申し上げるとともに，本書を昨年9月に亡くなられた福地先生のご霊前に捧げたい。岐阜経済大学における体育教育，そして岐阜県におけるレクリエーション界を長らく支えこられた福地先生のご活動もまた「スポーツマネジメント実践」であり，第10章において論じられているように，そのマネジメント実践が勤務先においてひとつの学科（スポーツ経営学科）として昇華した結果を鑑みると，福地先生の実践は，きわめて優れたスポーツマネジメント実践であったのではないかと思う。

平成30年1月

著者を代表して

編者　大野　貴司

目　　　次

第 1 章　スポーツマネジメントにおける理論と実践の関係に関する一考察―山城章の「実践経営学」の視点から―

第1節　問題意識と本章の課題

　「スポーツマネジメント」とは，実際のスポーツ経営体の経営活動を考察の対象とする学問であり，その研究成果は，スポーツマネジメントの研究者のコミュニティと，実際のスポーツ経営体において働く実務家とその実践へと還元されるべきことは議論の余地はない。スポーツマネジメントが属する学問領域である経営学の前提に立ちかえるならば，経営理論（学術研究）は経営実践の発展のためにあるべきであり，経営実践を発展させるためにもその分析手法となる経営理論の質を高めていく必要があると言える。次節において検討するように国内外のスポーツマネジメントにおける研究者コミュニティにおいても，理論と実践との関係はいかにあるべきかということに関する議論は行われてきた（Weese, 1995；Soucie & Deherty, 1996；Cuneen & Parks, 1997；清水, 2001, 2007, 吉田, 2012；福田・吉留, 2015 など）。しかしながら，これらの研究においては，研究者および学会がいかに実務とそこの従事する実務者に貢献していくべきかという視点がメインであり，実務者がスポーツマネジメント研究（理論）との関わりの中でどのような能力を身に付けていくべきなのかということと，その内容と方法に関する議論，そしてそこにおける研究者のコミットのあり方に関する議論は十分行われてはこなかった。近年のわが国の大学においては，スポーツを冠する学部，学科やコースが増えており，早稲田大学，筑波大学，海外の大学などの大学院でスポーツマネジメントを修めた博士後期課程の修了者のみでは専任教員の供給が間に合わず，博士後期課程の在学経験のないスポーツマネジメントの実務経験者（あるいはスポーツ社会学，一般経営学などの異領域の研究者）を専任教員として採用する大学も増えており，研究が行われるべき大学でスポーツマネジメントに関する研究が行われなくなり [1]，スポーツマネジメントにおける実務経験を評価されて入職した専任教員によるインターンシップ，現場実習などの実地体

験を中心とした職業教育のみが施されるというように，スポーツマネジメントにおける研究と実践の境界が不明瞭になっている現状もある。そのような意味でもスポーツマネジメントにおける理論と実践の関係について明確にする必要があろう。

　こうした問題意識を受け，本章では，スポーツマネジメントにおける研究，すなわち理論と実務すなわち実践との関係のあり方を提示することをその研究課題としたい。具体的には，一般経営学において理論と実践との関係性に関する視角を提示した一橋大学名誉教授の山城章（1908〜1993 年）の実践経営学に依拠しながらこの課題に取り組みたいと考えている。

　後述するが，山城はその研究活動の中で，経営学とは，自然科学のように分析の対象を客観化せずにそれ自身を主体と捉える「主体の論理」を有し，実際や内容を主体とし，実践に生かすための研究方法を問題とする実践科学でありそこでは人間の機能主義的な目的活動こそが研究の対象とされるべきであるとし，「実践経営学」を提唱し，実践経営学において重要なことは実践主体の行為能力の啓発（＝教育）であるとしている（山城，1970）。

　また山城は経営を実践する経営者や管理者の自己啓発を目的として，1979 年 7 月に日本経営教育学会（現日本マネジメント学会）を設立している。本章では山城の実践経営学の概念を踏まえながら，山城の指摘するところの「特殊経営学」に含まれるであろうスポーツマネジメントにおいては，理論と実践はいかに関わり合うべきか，そして理論は実践の向上にいかに資するべきか，そして実践をいかに高めていくべきかに関する方策を提示したいと考えている。

第 2 節　先行研究の検討と限界

　本章において，スポーツマネジメント領域において理論と実践との関わりについて考察した先行研究について概観することにより，先行研究における到達点ならびに未達点を確認したい。

　まずは，Weese（1995）である。彼は，理論偏重気味であった当時の北米スポーツマネジメント学会（NASSM）に対して，アカデミシャンはより広い聴衆に

対して自らの研究のインプリケーションを効果的に伝えるべきであるとし，理論を実務家へと伝えていく必要性を論じ，NASSM に対し，スポーツマネジメントの実務者からも役員を選出すること，現行のジャーナルと並立し，実務家向けのジャーナルを刊行すること，学会大会において実務家を対象としたプレゼンテーションの場を設けること，実務家へのインプリケーションを強く強調することなどの提言を行っている。しかしながら，Weese の議論は，Cuneen & Parks（1997）も指摘しているように，実務者に寄り添いすぎることにより，学術研究としての発展，向上それ自体が妨げられる危険性があること，研究者とそのコミュニティである学会は具体的には実務家に対し，どのような貢献をするべきなのか，そして実務家は研究者とのかかわりの中でどのような能力を身に着けていくべきなのかということに関する議論がなされてはいない。

次に Soucie & Doherty（1996）であるが，彼らは，真のプロフェッションは実践領域に関する知識体系の拡張に責任を負う存在であるとして，その知識体系はその領域特有のものであり，システマティックに組織化されたものでなければならないとしている。具体的には彼らは，研究者の研究課題とは，実務者の実践の中で生まれるものであり，その研究課題を踏まえ，概念化と変数化がなされ，仮説が構築され，その仮説に対するデータ収集と分析が行われ，知識が構築され，それが研究者の次なる研究課題の発見と実務者の課題解決に繋がるとしている。彼らの指摘においては，研究者の理論は学術研究の発展だけではなく，実務者が実践において抱える課題の解決に繋がるものでなければならず，学術研究とは学術研究それ自体への貢献だけではなく，実務家の実践に貢献するものでなければならないことがわかる。しかしながら，彼らの研究においては実務者は研究者による知識提供を受ける従属的な存在にとどまっており，自ら課題を解決する能力を有していない存在に留まっている。可変的な環境下にあるスポーツマネジメントの実践において実務者は，研究者による課題解決のための知識提供を待たずとも自ら課題を解決できるための能力を有する必要があり，そのための議論が必要である。

次に，Cuneen & Parks（1997）であるが，彼らは学会及び学術研究においては，

実務者の参加を歓迎しながらも，アカデミックなニーズや関心を充足させる必要があり，学術的な進化や成熟性を高めるべきであり，NASSNM もそうあるべきであり，それこそが実務者への貢献となるとしている。彼らは研究者および学会は研究の質を洗練させることこそが，研究および実務への貢献となるとしている。そして実務者は学術用語や知識などを学び取ることにより，そこから日常の実践の改善へのヒントを得ることができるとしている。彼らの視角は，実践科学としてのスポーツマネジメントの原理を構築することを可能とするものと言える。しかしながら，その原理をどのように応用していけば良いのかに関する議論はなされておらず，その意味では自らの成果を研究者コミュニティの中に留めおく「研究のための研究」に陥る可能性を秘めている。Weese や Soucie & Doherty のような理論と実践をどのように関連付けていくのかという議論こそが望まれると言えよう。

　その他の先行研究としては，Soucie & Doherty（1996）が提示した理論と実践との関連についての仮説をアルビレックス新潟の後援会の事例研究により実証した福田・吉留（2015），スポーツ経営学は実践理論であるとして，実践の中からその内部者である「現場の声」をベースに適用範囲の狭い理論を形成する帰納的な研究方法こそがふさわしく，行為者の意味・意図・信念が綴られたストーリーに迫る必要性を提示している清水（2001），研究者は，実務者の問題解決過程や方法の支援に徹するべきであり，その研究においては，行為者たちの実践に共感し，そこから内部者の論理を汲み取り記述する方式を取るべきであるとしている清水（2007），スポーツの文化的価値の理解を深めながら，スポーツビジネスマネジメントに関する知識も演繹的に導出すると同時に，スポーツマネジメントの実務者の経験知の理論化を帰納的に実現し，両者の知識をまとめあげていく必要性を論じた吉田（2012）などがある。

　以上，本節では，スポーツマネジメントにおける理論と実践のあり方を探るべく，スポーツマネジメントにおける理論と実践の関係性について言及した先行研究を検討した。そこでは，前節で述べたように，当たり前の話しではあるが，研究者および学会が，いかに実務とそこの従事する実務者に貢献していくべきかと

いう視点がメインであり，実務者がスポーツマネジメント研究（理論）との関わりの中でどのような能力を身に付けていくべきなのかということと，その内容と方法に関する議論，そしてそこにおける研究者のコミットのあり方に関する議論は十分行われてはこなかった。すなわち，スポーツマネジメントにおける理論と実務との関係について論じた先行研究においては，研究者が主体であり，実務者とは研究者に実践における問題解決策を「与えてもらう」存在であり，受け身的・従属的な存在であるとみなされており，彼らがスポーツマネジメントにおける問題解決の主体であるという視点からの論考は試みられなかったと言うことができる。しかしながら，スポーツマネジメントという学問において真に重要なのはスポーツマネジメントの実務者における経営実践能力の向上であり，それこそが，Soucie & Doherty（1996）の指摘する理論と実践のサイクルにおける「問題意識」の進化と深化を実現するものであると言えよう。そこで，筆者は，スポーツマネジメントの主体は実務者であるという視角から，彼らが研究とのかかわりの中でどのような能力を身に着けていくべきかということに主眼を置きながら，スポーツマネジメントにおける理論と実践との関わりについて論じていくことにしたい。

第3節　山城章の実践経営学

　前節では，スポーツマネジメントにおける実務者を主体とし，彼らが研究の中でどのような能力を身に着けていくべきなのかという視角がスポーツマネジメントにおける発展的な理論と実践との関係において重要なことを確認した。第1節で述べたように，本章では，山城章の実践経営学を手掛かりとしてその課題にアプローチしていきたいと考えている。本節では，具体的な論考に先立って山城の実践経営学について簡潔にではあるが検討したいと考えている。

　まず，山城は，経営学を純理の応用である応用科学ではなく，実際を実践に生かしていく実践科学であり，実践的な活動をいとなむ人間の機能主義的な目的活動が研究課題となるとしている（山城，1970）。すなわち山城は，経営学とは実践的能力向上を目的とした実践科学であるということである（小野，2013）。

そして山城はそこでは実際や内容が主体であり，実践に生かすための研究方法が問題となるとしている。そしてこの研究方法は，内容と一体的であるという方法を取るものであり，純粋理論的方法や規範論的方法と区別されるべきものである。こうした学問としての経営学の特質を踏まえ山城は経営学を「実践経営学」と称している（山城，1970）。

そして山城は，実践科学である経営学を具体的に展開していくためには方法論だけでは不可能であり，行動の実践的内容に即して理解される必要があるとしている。まず経営という実践主体があり，主体行動には理念と目的が必ず存在し，この目的達成行動における手段選択には技術体系があり，それにともなう価値判断も必要となる。そして判断や決断においてはそのプロセスが科学化される必要があるが，山城は，最後の決断は，科学を超える主体者の決断の能力開発が重要であり，研究とはこのような能力開発を意味するものであるとしている。そして山城は，経営主体の活動が進展するためには，たえざる努力が必要であり，主体自らが研究し，科学し，学問する必要があるとしている。研究は，研究のための研究ではなく，主体者の行動の洗練，向上のために行われるべきものであり，行動の洗練，向上とはすなわち機能実践における能力開発のことである。そして山城は，この能力開発のことを経営教育と称しているが，この場合の教育とは従来の教育観とは異なるものであり，主体者能力の啓発をあらわすものであるとしている。このように山城は経営学の最も重要な特色を「主体の論理」であるとし，実践主体がまずあり，その主体行動としてアプローチがあるとしている。実践主体をたえず中心において，その行動目的，理念，行動，判断などを正しく理解する必要があるのである（山城，1970）。

このように山城は経営学とは，対象を客観化しようとする自然科学とは異なり，対象を主体として捉え，「主・客一体」となり (2)，その「主体」である経営体の価値判断や目的，行動を解明し，最終的には，主体である実務者の実践能力の開発こそが経営学の目的であると考えていた。山城は経営学における最終目的でもある実務者の経営能力の開発を「KAE の原理」から説明を試みている。以下，山城の「KAE の原理」の紹介をしたい。

先述したように，山城は経営学の最終的な目的とは，経営を実践する経営者，管理者の経営能力の開発であるとしている。これを山城は K，A，E の 3 つから説明を試みている。K とは knowledge のことであり，経営に関する知識，一般原理のことである。A とは ability のことであり，経営を実践する実務者の能力のことである。最後の E とは experience のことであり，経験，経営を取り巻く実際のことである (3)（山城，1970）。

　K とは原理を示す概念ではあるが，これは山城によれば科学における法則的な普遍性と同義に理解してはならず，囲碁や将棋における定石，スポーツにおける基本，指導における正攻法と理解されるべきものであるとしている。K はアカデミックな文献研究や知識中心の勉強を示すものであり，長い研究のうちに定式化し，正攻法化し，国籍関係なく一般化して原理と呼ばれるものになったものである。そしてこの K は実践能力である A の基盤をなすのである。また山城は，経営学は学であるだけでなく，その主体が経営活動に従事する実務者であることを踏まえ，経営学にはそれを基盤とした「教育」が必要であり，そうであるならば実践能力を啓発することができるところまで研究を高めることこそが実践行動の学問であり，実践の能力化を目指す研究の態度であるとしている（山城，1970）。

　A は K を基盤として構築されるものの，それだけでは十分ではない。K とは山城によれば「知っていること」である。「知っていること」は「できること」とは一致はしない。知っていたとしてもそれはできることとはイコールにはならない，すなわちできる・できないという行為能力は知識とは別なのである（山城，1968）。

　山城は，基礎なしに有能な行動はできないゆえに K の存在は必須であるとしているものの，K のみでは実践能力は構築されず，実践能力である A は，原理である K と実際の経験である E を基盤として構築されるものであるとしている（山城，1970）。さらに山城は，原理である K は不変ではないと指摘している（山城，1968）。E に対応しながら漸次前進し，精度を高めつつ変化していくためである。このように K と E を前提とし，両者の関係から実践能力である A が発揮されるのである（山城，1968）。

経営活動や現象の実際をあらわすEは，その国の伝統と歴史，それぞれの業界や組織の中で培われるものであり，決して同一に語ることができず，多様性を帯びている。それゆえ実践であるAにおいてもそれぞれの特色が現れるのである（山城，1968）。

以上の議論を踏まると，経営における実践能力は原理のみでも，経験のみでも高めることはできず，原理と経験の両方が必要であり，両者との相互作用の中で高められていくものであると山城は考えていると言うことができよう。

図表 1-1 KAE の原理

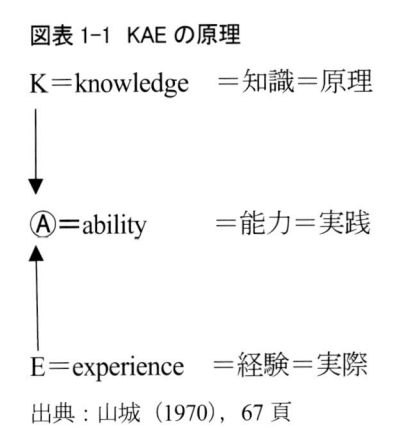

K＝knowledge　＝知識＝原理

Ⓐ＝ability　　＝能力＝実践

E＝experience　＝経験＝実際

出典：山城（1970），67 頁

山城が重視する「教育」であるが，これは行為主体である実務者の自己啓発と研究者による実務者への教育の二種類の教育の必要性を感じていたことを読み取ることができる。ふたつめの研究者による研究であるが，これを山城はふかき研究と実地経験を基礎にした教育のみが真の教育であり (4)，これは学者のようなアカデミックな研究を踏まえたものであるとしている。このように教育は研究と区別しがたいものであり，山城は，教育者は学者の態度をもって教育にあたり，学者は教育意義を発揮してこそ真の学者となるとしている（山城，1968）。

山城は経営実践における原理は一般でも，実際は多様であるゆえ，実践は国や組織により多様であるとしていることは先述のとおりである。その意味で，原理を基盤としながらも，それぞれの国ごとの特殊性を踏まえ，それに求められる実

践能力の究明を図ろうとするアメリカ経営学，イギリス経営学，ソ連経営学，日本経営学，組織ごとの特殊性とそこで求められる実践能力の究明を図ろうとする企業経営学，官庁経営学，学校経営学，病院経営学，労組経営学の必要性を指摘している。この他山城は軍隊や宗教団体の経営学にもそれに応じた経営学の必要性を論じている（山城，1968，1970：図表1-2参照）。

図表1-2　山城による「特殊経営学」の捉え方

K →	経営一般原理					経営一般原理				← 原理
A →	経営学	官庁経営学	学校経営学	病院経営学	労組経営学	アメリカ経営学	イギリス経営学	ソ連経営学	日本経営学	← 実践
E →	企業	官庁	学校	病院	労組	アメリカ	イギリス	ソ連	日本	← 実際

出典：山城（1968），31 頁

　山城の議論になぞらえて考えていくならば，スポーツ経営体の経営活動の実際は，企業とも官庁とも異なるものであるゆえ，経営原理を踏まえながらも，その特殊性をおさえたスポーツ経営体ならではの経営学である「スポーツ経営学（スポーツマネジメント）」が求められると言うことができよう。

　また山城（1976，1982）は，こうした特殊経営学を考えるにあたっての思考枠組みとして「ABCDの原理」を提示している (5)。Aは，「適応・適用」（accept， adapt）をあらわし，その対象においてマネジメントの行動原理をそのまま導入し，適応しうるものである。B は，「ブラックボックス」（black box）をあらわし，その対象においてマネジメントの行動原理を適用し，適応させることができるのか，あるいはそれ自身が固有のものであり，マネジメントの行動原理を適用し，適応させるのが困難なのか不明確な状態のものである。C はそれ自身の「特性」（constant, continuity）であり，その対象においてそれ自身がそのまま残るものをあらわす。最後の D は「開発」（development）をあらわし，その対象固有のものを開発することをあらわす（山城, 1982）。

　上記の山城（1976, 1982）の ABCD の原理を踏まえるならば，スポーツマネジメントにおいても，スポーツ経営体ならではの経営方法であるスポーツマネジメントの姿を明らかにし，スポーツマネジメントにおける実務者の実践能力の向上を議論するためには，マネジメントの概念がそのまま適用可能な部分，固有のものであるがマネジメント化しうる部分，マネジメント化しえないスポーツ経営体の特有性をまずは明らかにしなければならないということになる。

　以上，本節では，スポーツマネジメントにおける理論と実践との関係を考えるヒントとして山城章の実践経営学について検討した。山城による実践経営学は，実務者の実践能力（A）の向上を最終的な目的とし，それは，理論（K）の習得とそれを通じた現象（E）の分析を土台として構築されていくものであること，特殊経営学のあり方（D）を考えるにあたっては，マネジメント化しえないその組織の固有性（C），マネジメント化しうる固有性（B），マネジメント化しうる部分（A）を明らかにしていくことが求められることが分かった。こうした山城の議論は，「特殊経営学」であるスポーツマネジメントにおける理論と実践との関係を考える本書においても親和性が高いと言える。次節において，山城の実践経営学を土台としてスポーツマネジメントにおける理論と実践の関係のあり方を提示したいと考えている。

第 4 節　山城章の実践経営学を踏まえたスポーツマネジメントの理論と実践の関係のあり方の提示

　本節では、今までの議論を踏まえ，スポーツマネジメントにおける理論と実務の関係のあり方を提示していきたい。山城の議論を踏まえるならば，特殊経営学であるスポーツマネジメントもまたその目的は，スポーツマネジメントの現場において「経営」に従事する実務者の経営能力の養成，すなわち「スポーツマネジメントにおける実践能力」の養成であり，実践主体である実務者の行為能力の啓発（＝教育）であるということになる。スポーツマネジメントにおける実践能力の基盤となるのは組織体の経営を捉えるための理論，すなわち経営学理論である。経営学理論は，スポーツマネジメントにおける現象や自らの経験を捉えるための思考枠組み，すなわち道具となる。そして経営学理論を通して分析されるのがスポーツマネジメントを取り巻く現象であり，実務家のスポーツマネジメントにおける経験である。理論を通じ，自らのスポーツマネジメントにおける経験や自らを取り巻くスポーツマネジメント現象を分析していく中で，スポーツマネジメントならではの経営方法，すなわちスポーツ経営学が確立され，スポーツマネジメントにおける実践能力が構築されていくのである（図表 1-3 参照）。

図表 1-3　スポーツマネジメントにおける KAE の原理

K＝knowledge　＝経営学理論＝原理

Ⓐ＝ability　　　＝スポーツマネジメントにおける実践能力

E＝experience　＝スポーツマネジメントにおける経験・現象＝実際

出典：山城（1970），67 頁を基に筆者作成

さらに言えば，スポーツマネジメントの姿を明らかにし，スポーツマネジメント領域における実務家の実践能力の啓発を実現していくためには，ABCD の原理を踏まえ，どの部分をそのままマネジメント理論を応用し，どの部分を変革し，どの部分を守るのかも明らかにしていかなければならない。A に相当する部分は，マーケティング，消費者行動などの製品・サービス販売のための技法，戦略や管理，組織などのマネジメント方策であろう。これは先述のように海外のみならずわが国のスポーツマネジメント研究，スポーツマーケティング研究において精力的に応用されている。これは，KAE の原理で言うところの K に相当しよう。

　B，すなわち現時点でそのままマネジメントの理論が応用しうるかそうでないか不明確なスポーツ経営体固有の特性は何であろうか。これはそれぞれのスポーツ経営体によって異なると言えよう。しかしながら，スポーツ経営体に通じる特徴はないであろうか。わが国においてスポーツ経営体の特徴を敢えて挙げるならば，それを支える構造や文化ではないかと言うことができる。具体的には，そのスポーツにずっと関わってきた選手や元選手により組織が形成され，彼らにより組織のマネジメントが行われていることが挙げられよう（大野・徳山，2015）。こうした特徴は，中央競技団体や学生スポーツなどのアマチュア・スポーツにおいて顕著であろう。その意味では，スポーツマネジメントにおける「スポーツ」の競技的な側面には熟達した者が多いと言えるが，「経営」について専門的な知識とキャリアを持ち合わせ，それに熟達している者は少ない。その意味では，こうした日本的なスポーツ経営体の特徴は改められていく必要があると言える。また日本的な文化や価値観に基づく封建的な先輩—後輩に基づく人間関係に裏打ちされた組織における意思決定の権限の集中化などは，中央競技団体によく見られた特徴であり，こうした中央競技団体の組織的な特徴は 2012〜2013 年に社会問題化した全柔連の女子強化選手による体罰告発事件，日本相撲協会による八百長事件により明るみにされた（高峰，2014；辻田・堀口，2014）。永島（1974），川辺（1980），久保（1980a，1980b）などもまた，日本的なスポーツの特徴として儒教的な思想の下構築された先輩—後輩的な人間関係を基盤とする封建主義を挙げている。こうした日本的なスポーツ組織運営は，外部環境がスタティック

な状態であれば，一定の有効性を有しよう。しかしながら，可変性の高い環境下においては，すべてを上層部で決めていくことは困難であり，柔軟に環境に適応していくためには組織もある程度多様性を内包したものでなければならない。その意味では，封建主義，集団主義に基づく上層部に意思決定権限が集中した組織運営は，マネジメント理論の適用により改められていく必要があると言えよう。

Cとして挙げられるのは何があろうか。清水（1997）などは，スポーツマネジメントが対象とする顧客である「スポーツ生活者」にその特徴を求めており，松岡（2010）などは，それが顧客に提供する製品・サービスである「スポーツプロダクト」に求めている。スポーツマネジメントにおけるA，B，Cを明らかにした上で，スポーツマネジメントの構築を試みていくことが有効な議論であると言えよう。その中でも本稿では紙幅の都合上十分な議論ができなかったが，清水や松岡に指摘されているようなスポーツ生活者，スポーツプロダクトの特性を深堀りしていくことはCの解明に繋がると言えよう。一例を挙げれば，大野（2010）などは，「プロスポーツ」というサービスの不確実性（チームの不振，主力選手の故障や不振など）としてファンの主体性に触れ，プロスポーツをサービスとして取り扱うプロスポーツクラブのマネジメントにおいては即興的な行動とそれを内包したマネジメントが求められると指摘している。

スポーツ生活者（スポーツ実施者，観戦者などがこれに該当しよう），さらに言えば，スポーツ経営体を独自のものとしているのは，それが有する理念であろう。すなわち，スポーツ経営体は何を目的として運営されているのかということであり，それは利益を追求する一般企業とは異なるものとなるであろうし，スポーツ以外の活動を行う非営利組織とも異なるものとなるということである。理念は組織の存在意義や目標を示すものであり，スポーツ経営体の場合は，どのようにスポーツプロダクトを活用し，スポーツ生活者に貢献していくのかを示すことである。そしてこうしたスポーツ経営体の活動は最終的には，スポーツ文化に資するものとなる。その意味では，スポーツ経営体の最終的な目的としてはスポーツ文化への貢献が据えられなければならない。

これらA，B，Cを踏まえ，最終的にスポーツ経営体ならではの経営活動であ

るスポーツマネジメント，すなわちDを明らかにしていくことが求められるのである。その意味では，今後の研究において ABCD の原理を踏まえたスポーツマネジメント研究が求められる。

　近年は，早稲田大学大学院スポーツ科学研究科や筑波大学大学院人間総合科学研究科スポーツ健康システム・マネジメント専攻など有職の社会人を対象としたスポーツ系の大学院も存在しているが，そうした大学院においては，スポーツマネジメントにおける実務者の実践能力の養成と彼らへの啓発を目的とし，その前提となる理論の教授と，理論を用いて自らの経験や自らの実務を取り巻く現象や環境をどのように捉えていくのか，その方法論の教授と啓発こそが行われるべきであると言えよう。これは，大学院のみではなく，学部教育，そして公益財団法人日本サッカー協会が主催している JFA サッカーカレッジなどのような民間団体主催のスポーツマネジメント教育も同様の目的の下に行われる必要があろう。

　山城の KAE の原理から，経営学理論とスポーツマネジメントにおける実務との関係とそこから目指されるべきスポーツマネジメントの実践能力の養成，啓発という構図については明らかにできた。では，KAE の原理における K の部分を担うスポーツマネジメント領域の大学教員（研究者）と，研究者のコミュニティである学会はどのような状況なのであろうか。

　大野（2014）などは，2013 年 12 月に筑波大学東京キャンパスで開催された，スポーツ経営学の研究者コミュニティである日本スポーツマネジメント学会第 6 回大会において報告された口頭発表（学術研究）の全 9 演題のうち 7 演題が定量調査を主たる方法論とする消費者行動研究であったことに触れながら（消費者行動研究でない 2 演題のうち 1 演題は観戦者調査尺度の研究レビュー，1 演題は大学体育系運動部員の学修モチベーションの先行研究のレビューであった），わが国のスポーツマネジメント，マーケティング研究の現状として定量調査を軸とした消費者行動への偏りが見られると指摘している（日本スポーツマネジメント学会，2013；大野，2014）(6)。消費者の心理，行動を分析することも経営活動においては重要であるが，それは組織のあり方を決定づけるものではなく，製品・サービスの販売の方法というある種の「技法」である。実践の学としてのスポーツ

マネジメントの議論を深化させていくためには，経営学としての原理たる理論を構築していくことが必要なのである。

　先に述べたように大学院で博士号を取得した研究者が大学教員となる以外に，早稲田大学スポーツ科学学術院教授であり内閣官房参与である平田竹男（東京大学博士（工学））に代表されるスポーツマネジメント領域における実務者がその実務経験を評価され大学教員となり研究活動を展開するパターンも存在する。彼らの研究活動は，自らの実務経験をベースとしてスポーツマネジメント実践への示唆を目指すもの，すなわち KAE の原理で言うところの実践能力の養成，啓発を目的とし，スポーツマネジメントにおける経験・現象の分析を行う方法論を提示するものであるが，十分な先行研究の狩猟がない上に，基盤とする経営理論がなく，知識，原理の部分が欠落したものが多く，真の意味でスポーツマネジメントにおける実務者の実践能力の構築，啓発を喚起していくことが難しいと言える(7)。山城（1982）の言葉を借りるならば，経験のみでは実践，そして実践の学は構築されず，それは単なる熟練（S＝skill）化に過ぎず，実践能力を啓発しないのである。

　以上のように述べてしまうと，わが国に経営学理論に立脚しながらスポーツマネジメント現象を分析し，スポーツマネジメントならではの経営活動の姿を明らかにし，そこにおける実務者の実践能力の向上の啓発に資することに貢献している研究者がいないのかと思われるが，決してそうではない。日本スポーツマネジメント学会を主たる研究活動の場としていない研究者（例えば日本体育・スポーツ経営学会，日本体育学会など）においては少なからず経営学理論を基盤としながらスポーツマネジメントにおける経験・現象を考察し，スポーツ経営体ならではの経営活動を究明する学問であるスポーツマネジメントのあり方を模索しようという研究者も存在することを指摘しておく。具体的には元立命館大学産業社会学部教授山下秋二，同体育系教授の清水紀宏，鹿児島大学教育学部教授武隈晃，岡山大学大学院教育学研究科専任講師高岡敦史など東京教育大学・筑波大学大学院体育経営研究室出身の研究者たちを挙げることができよう。以下紙幅の許す範囲で，簡潔にではあるが上記の研究者たちの研究を紹介したい。

山下（1994）は，その単著において，イノベーションの視点からスポーツの産業化に伴う，新たなスポーツプログラムが，スポーツ消費者の中でいかに受容されていくのかという，スポーツ・イノベーションの定着プロセスに関する研究を行っている。清水は，管理者行動や組織理論に依拠しながら，スポーツ組織におけるリーダーや組織のあり方（清水他，1986；清水，1986；清水・八代，1988；清水，1989；1990）の解明や，経営学理論を基盤とし，スポーツ経営学の理論構築を試みている。具体的には，山城章と同時期に活躍した山本安次郎の経営学説に依拠した理論構築（清水，1994），「スポーツ生活者」の生活経営を中核とするスポーツ経営学の理論構築などを試みている（清水，1997）。また清水は経営資源とその展開の視点からもスポーツ経営学の理論拡張を試みている（清水, 1995）。武隈（1985，1986，1990，1994，1995）はリーダーシップ論，管理者行動論を基盤とし，定量調査から体育経営組織におけるリーダー像や組織としての体育経営組織のあり方を，武隈（1992）は組織理論を基盤とし，定量調査により組織としての学校体育組織のあり方を明らかにしようとしている。高岡・清水（2006）などは，「場のマネジメント」の理論に依拠しながら，フィールドワークに基づく定性調査から体育教師集団内の協働意思醸成や教師間の価値観の葛藤の解消におけるリーダーの役割を明らかにし，対話を促進させるリーダー（対話場リーダー）の役割の重要性を指摘している。

　今後，スポーツマネジメント研究と教育の活性化のためには，基盤となる K に相当する経営学理論の学修と習得に向けたいっそうの研鑽と，こうした経営学理論を基盤としてスポーツマネジメント現象を分析し，スポーツマネジメントの理論構築を試みていく研究姿勢こそが，筑波大学大学院出身の研究者以外にも広まっていくことが求められよう。そのためには，スポーツマネジメントの教育と研究を実践していく大学・大学院においても，スポーツマネジメントのみならず一般経営学理論を習得するためのカリキュラム，講義が必要となろう。それこそが，スポーツマネジメント現象を分析し，学問としてのスポーツマネジメント（それこそが実践能力の啓発に繋がる）を構築していくための基盤となるためである。こうしたカリキュラムはとりわけ，順天堂大学，日本体育大学，立命館大学以外

の一般経営学系の講義の存在しない体育・スポーツ系の学部・大学院において求められる。また，すでに一般経営学系の講座・講義の存在している経営学系の学部におけるスポーツマネジメント系の学科，コースにおいても，一般経営学理論を基盤とし，それをどのようにスポーツマネジメント現象を分析する手段として活用していくのかを理解させ，実践していくためにはどのようにすれば良いのかを考えた上で，カリキュラムを構築していく必要がある。その意味では，単にカリキュラムを用意すれば良いわけではなく，一般経営学とスポーツマネジメント，そして体育・スポーツにおける原理・科学系の講座・講義がそれぞれどのように連動しあうのか，その有機的な関係を捉えた上で，それをカリキュラムに落とし込む必要があると言える。その意味では，スポーツマネジメントを研究する大学教員は，体育学領域の研究とスポーツマネジメントのみに関心を持つのではなく，一般経営学にも関心を持ち，高い次元での学修を深めていくことが求められ，そうした学部，学科，コースに所属する一般経営学領域の教員もまた，自らの専門領域のみ関心を持つのではなく，体育学，スポーツマネジメントに関心を持ち，高い次元での学修を行っていくことが求められる。一般経営学，スポーツマネジメント，体育学の有機的な関係は高い次元での学修を実践し，高い学識を有する研究者同士の相互用によりはじめて構築されていくものであると考えられる。

　また研究者のコミュニティである学会においてもまたこうした研究姿勢が求められる。Cuneen & Parks（1997）が指摘するように安易なスポーツマネジメントにおける現場への還元性を求めるのではなく，KAE の原理における K を基盤とした研究活動が展開される必要がある。それこそが最終的にはスポーツマネジメント実践への貢献性の高い研究となり，彼らへの自己啓発へと繋がるのである。また，学会においては安易な実践還元性を求め，安易に実務への解を提供するのではなく，スポーツマネジメントにおける実務者の実践能力である A を高めるため，研究者同様に実務家に E を分析し，A を高めるための K の提供を目指していく必要がある。そうした姿勢こそが，実務者を研究者から問題解決のための有用な方法を与えてもらうだけの存在から脱却し，自らが研究者と連携し，問題解決を図っていく存在へと転換させることに繋がる。そしてそうした K の確立こそ

が，研究者，実務家が各々の視点からスポーツマネジメントを作り上げ，実務者のスポーツ経営における実践能力を啓発し，その能力を高め，学問・実践としてのスポーツマネジメントの質を高めていくことに繋がろう。

第5節　小括

　以上，本章では，スポーツマネジメントにおける理論と実務の関係のあり方について検討した。そこにおいては，学問としてのスポーツマネジメントは，スポーツマネジメント領域における実務者の実践能力を向上させるために存在し，彼らに啓発を与えるための教育あるべきという前提の下，一般経営学を基盤として，それを用いてスポーツマネジメント現象を捉えていくことにより構築されるものであるということを明らかにした。その上で，学問としてのスポーツマネジメント（学）を構想していくためには，マネジメント的な理論をそのまま応用できる部分，マネジメント的な理論を応用すべきスポーツマネジメント特有の部分（の解明），そのまま生かすべきスポーツマネジメント固有性などを踏まえて行く必要性を論じた。またスポーツマネジメント領域の実践能力（A）は，経営学理論とスポーツマネジメントにおける経験を基盤として構築されるものであり，いずれもスポーツマネジメントにおける実践能力の構築には必要欠くべからざるものであり，スポーツマネジメントの実務者もスポーツマネジメント領域の研究者にもこうした研究活動が求められることを指摘した。今後，一般経営学理論を機軸としながら，実践能力の向上に貢献可能性の高い研究が積極的に展開され，スポーツマネジメントの実務者の実践能力を啓発していくことを期待したい。

　本章の議論は紙幅の都合上，十分な議論が出来ておらず試論的な範疇を出ていない部分もあり，それへの批判は免れ得ないものであると自覚している。それゆえ，本章における試論を実りあるものとしていくためにも今後，スポーツマネジメントにおける ABCD の原理の A，B，C，D をそれぞれ明らかにしていくことが求められよう。これは，KAE の原理における E の解明にも繋がろう。それこそがスポーツならではの経営活動であるスポーツマネジメントの姿を明らかにすること，ひいては KAE の原理における A，すなわちスポーツマネジメントに

おける実務家の実践能力の啓発可能性を高めていくためにも取り組まなければ
ならない課題であると言えよう。今後の研究課題としたい。

注

(1) 実務経験を評価されスポーツマネジメントの大学教員となった者の中に
は，福田拓哉（九州産業大学健康・スポーツ科学センター准教授，立命館
大学博士（経営学）），大山高（帝京大学経済学部准教授，早稲田大学博士
（スポーツ科学））のように，大学教員としての採用後，大学院博士後期
課程に入学し，博士号を取得した者もいることを付記しておく。こうした
大学教員においては，山城章の指摘するところの K，すなわち原理と，E
すなわち実際の両方を踏まえた研究教育活動を展開し，大学生や実務者の
実践能力（A）を啓発していける可能性があるものと期待される。

(2) 増田（2009）は，山城章の KAE の原理を踏まえ，経営学が「主体の論理」
に立つとき，経営学者と経営者（実務家）は，経営しながら同時に経営を
問う存在であり，経営を問いながら同時に経営する存在であるとしている。
すなわち，経営をしなければ経営学はできず，経営学をしなければ経営は
できないという見解である。しかしながら，辻村（2009）において，山城，
増田は自説を踏まえるならば「経営をしていない」（企業における実務経
験がない）ことから自らを経営学者ではないことを宣言しているものと批
判されている。

(3) KAE の原理が掲載されている山城（1968），山城（1970）よりも先に公
刊されている山城（1960）においては，E は経験から得た「熟練」とし，
skill を示す S を用い，KAS とされている。

(4) 辻村（2017）は，経営学研究が実地経験を基盤としなければならないのな
らば，実地経験，すなわち企業における実務経験のない山城は研究者では
なくなり，自己矛盾に陥ると批判し，経営学研究は，経営学教育に裏打ち
された経営教育であるべきとしている。

(5) 山城（1976）は，日本企業固有の経営現象である「日本的経営」を明らか
にするための思考法として ABCD の原理を提唱しているが，企業以外の
経営活動を明らかにすることを目指す「特殊経営学」を議論していくため
にも，この思考法は必要となろう。

(6) 日本スポーツマネジメント学会の直近の大会である第 9 回大会（2016 年
12 月，近畿大学にて開催）においては，口頭発表の学術研究 11 題中 9 題
が定量調査を用いた研究であり，うち 6 題がスポーツ参加者，スポーツ観

戦者などのスポーツ消費者への定量調査を基にした研究報告であり，3 題は選手，コーチを対象とした定量調査であった（日本スポーツマネジメント学会，2016）。

(7) 平田単独による学術研究の成果（平田，1991，1997，1998）などは，先行研究の検討に十分な紙幅を割いておらず，基盤となる理論（スポーツ係数）の経営学的な裏付けが不明確であり，山城 (1982) の指摘するところの「熟練」の域を出ていないものと指摘しておく。

参考文献

Cuneen, J. & Parks, J. B. （1997），"Should We Serve Sport Management Pracitice or Sport Management Education？: A Response to Weese's Perspective," *Journal of Sport Management*, Vol.11, pp.125-132.

福田拓哉・吉留広大（2015）「プロスポーツ組織における公式ファン組織の戦略的活用に向けた学術研究と実務実践の相互関係：アルビレックス新潟後援会のケース」『地域活性化ジャーナル』第 21 号，63-71 頁

平田竹男（1991）「スポーツ産業の規模の推移について」『スポーツ産業学研究』第 1 巻第 1 号，17-22 頁

平田竹男（1997）「スポーツ係数の提唱について―スポーツ係数でみるスポーツ産業の変遷―」『スポーツ産業学研究』第 7 巻第 1 号，1-17 頁

平田竹男（1998）「スポーツ係数でみる世帯主収入五分位階級別スポーツ支出の推移―オリンピック年（68 年 72 年 76 年 80 年 84 年 88 年 92 年）を中心に―」『スポーツ産業学研究』第 8 巻第 1 号，29-37 頁

川辺光（1980）「日本人のスポーツ観の構造的特質」『東京外国語大学論集』第 30 号，251-269 頁

久保正秋（1980a）「運動部集団の原理的考察―伝統とその継承の原理」『東海大学紀要　体育学部』第 9 号，11-20 頁

久保正秋（1980b）「運動部集団の原理的考察Ⅱ―封建制と勝利追求について―」『東海大学紀要　体育学部』第 10 号，1-10 頁

増田茂樹（2009）「実践経営学と経営財務の理論」日本経営教育学会編『講座／経営教育①　実践経営学』中央経済社，40-84 頁

松岡宏高（2010）「スポーツマネジメント概念の再検討」『スポーツマネジメント研究』第 2 巻第 1 号，33-45 頁

永島惇正（1974）「スポーツにおける社会関係と人間形成―スポーツ規範の存在構造を手がかりに―」『新体育』第 44 巻第 6 号，422-425 頁

日本スポーツマネジメント学会編・発行（2013）『日本スポーツマネジメント学

　会第 6 回大会号』

日本スポーツマネジメント学会編・発行（2016）『日本スポーツマネジメント学
　会第 9 回大会号』

大野貴司（2010）『プロスポーツクラブ経営戦略論』三恵社

大野貴司（2014）「スポーツマネジメント 4 つの研究課題」『岐阜経済大学論集』
　第 47 巻第 2・3 号，109-129 頁

大野貴司・徳山性友（2015）「わが国スポーツ組織の組織的特性に関する一考察
　―そのガバナンス体制の構築に向けた予備的検討―」『岐阜経済大学論集』
　第 49 巻第 1 号，21-40 頁

小野琢（2013）「山城章―主体的な企業観・実践経営学の確立者―」経営学史学
　会監修，片岡信之編著『経営学史叢書 XIV　日本の経営学説 II』文眞堂，
　82-106 頁

清水紀宏（1986）「組織活性化を規定する組織風土要因の分析―学校体育組織を
　めぐって―」『体育経営学研究』第 3 巻第 1 号，23-31 頁

清水紀宏（1989）「体育管理者の管理行動と職務特性の交互作用効果」『体育・ス
　ポーツ経営学研究』第 6 巻第 1 号，9-20 頁

清水紀宏（1990）「体育経営体における管理行動に関する研究」『体育学研究』第
　35 巻第 1 号，41-52 頁

清水紀宏（1994）「『スポーツ経営』概念の経営学的考察」『体育学研究』第 39 号，
　189-202 頁

清水紀宏（1995）「体育経営学における経営資源研究の課題」『金沢大学教育学部
　紀要　教育科学編』第 44 号，113-123 頁

清水紀宏（1997）「スポーツ経営学における基本価値の検討」『体育・スポーツ経
　営学研究』第 13 巻第 1 号，1-15 頁

清水紀宏（2001）「スポーツ経営の実践理論科学的方法」『日本体育学会号』第
　52 号，407 頁

清水紀宏（2007）「体育・スポーツ経営学の方法論的課題：自己批判から再構築
　へ」『体育・スポーツ経営学研究』第 21 巻第 1 号，3-14 頁

清水紀宏・八代勉（1988）「学校体育経営における教師の職務態度に影響する要
　因の研究」『体育・スポーツ経営学研究』第 5 巻第 1 号，7-17 頁

清水紀宏・山川岩之助・八代勉（1986）「学校体育経営における革新性に関する
　研究」『筑波大学体育科学紀要』第 9 号，31-41 頁

Soucie, D. & Doherty, A.（1996）, "Past Endeavors and Future Perspectives for Sport
　Management Research," *Quest*, Vol.48, pp.486-500.

高峰修（2014）「スポーツ統括組織のガバナンスと倫理的対応の問題」公益財団

　　法人笹川スポーツ財団編『入門スポーツガバナンス』東洋経済新報社, 54-70
　　頁

高岡敦史・清水紀宏（2006）「学校体育経営における対話場リーダーシップの発
　　話と知の共有に関する事例研究」『体育・スポーツ経営学研究』第 20 巻第 1
　　号, 31-44 頁

武隈晃（1985）「リーダーシップ行動の規定要因及び有効性の検討―地域スポー
　　ツクラブ指導者の指導活動に関する動機論的研究―」『体育経営学研究』第
　　2 号, 33-41 頁

武隈晃（1986）「地域スポーツクラブの有効性を規定する要因の検討―リーダー
　　シップ認知の一致度と指導者の信頼性の影響―」『体育経営学研究』第 3 巻
　　第 1 号, 13-21 頁

武隈晃（1990）「地域スポーツ集団の維持・発展と指導者行動の相互影響過程」
　　『体育・スポーツ経営学研究』第 7 巻第 1 号, 11-21 頁

武隈晃（1991）「学校体育経営における組織行動特性に関する実証的研究」『体育・
　　スポーツ経営学研究』第 9 巻第 1 号, 29-41 頁

武隈晃（1994）「体育経営組織における管理者行動の規定要因および有効性につ
　　いて」『体育学研究』第 38 巻第 5 号, 361-374 頁

武隈晃（1995）「管理者行動によるスポーツ組織の検討」『体育学研究』第 40 巻
　　第 4 号, 234-247 頁

辻口信良・堀田裕二（2014）「全日本柔道連盟～暴力・暴言事案とガバナンス」
　　スポーツにおけるグッドガバナンス研究会編『スポーツガバナンス実践ガイ
　　ドブック』民事法研究会, 28-36 頁

辻村宏和（2017）「経営教育学序説―山城『実践経営学』概念の必要性―」『経営
　　教育研究』第 20 巻第 1 号, 77-87 頁

Weese, W. J.（1995）, "If We're Not Serving Practitioners, Then We're Not　Serving
　　Sport Management," *Journal of Sport Management*, Vol.9, pp.237-243.

山城章（1960）『実践経営学』同文館出版

山城章（1968）『新講経営学』中央経済社

山城章（1970）『経営原論』丸善

山城章（1976）『日本的経営論』丸善

山城章（1982）『経営学（増補版）』白桃書房

山下秋二（1994）『スポーツ・イノベーションの普及過程：スポーツの産業化に
　　伴う個人と組織の革新行動』不昧堂出版

吉田政幸（2012）「スポーツ学再考―スポーツビジネスマネジメントの立場から
　　―」『研究紀要』第 9 号, 39-44 頁

第2章　サイクルツーリズムの現状と課題
—長良川鉄道の取り組み事例から—

第1節　問題意識

　最近，鉄道を利用してサイクリング，ウオーキング，トレッキング，登山，釣り，スキー等アウトドア・スポーツツーリズムを楽しむ人が増えている。近年，長良川鉄道沿線においても自然資源と連携したアウトドア・スポーツツーリズムが人気化している。これは，長良川鉄道沿線のアウトドア・スポーツポテンシャル（沿線には緑豊かな広大なフィールド，山，長良川等アウトドアスポーツ資源が豊富）が高いことにある。アウトドア・スポーツツーリズム展開の絶好の空間である。その空間で活動できるソフトを加えれば，長良川鉄道沿線は「アウトドア・スポーツツーリズム王国」になりうる。アウトドア・スポーツツーリストの誘客は沿線地域の活性化戦略，観光誘客戦略の一つになる。

　人々のスポーツへの関わり合いは，住居近辺でのサイクリング，ウオーキングからプロスポーツまで多様であるが，高齢化，自由時間の増大等の中でスポーツだけ，観光だけということに飽き足りない人々は，それが一体となった，さらには健康要素が付加されたアウトドア・スポーツツーリズムに関心が高まっている。

　今，子供の体力，持久力，瞬発力等の低下が社会問題化している。子供の体力低下の大きな要因は，遊びを忘れた家庭，親，地域，学校にある。少子化の中で遊ぶ友達がいない子供，子供の遊び相手ができない親，遊ぶ場所がない地域等「遊び」環境は悪化の一途をたどっている。特に，遊び環境が悪化しているのが都市部であるが，そこに「遊び」環境の全面的復活を求めることは非常に難しい。多くの人（特に子供）への遊び場の提供には，都市部と中山間地域の連携が不可欠である。中山間地域は遊びのフィールドは豊かであり，新鮮な空気の中で，地域特産の新鮮な農産物等を食しながらの遊びは，子供の健康増進，体力アップ（筋力，持久力，瞬発力，バランス力，柔軟性等），心のリフレッシュ等に有効である。しかし，今の子供達は学校体育で学ぶ種目が中心で，遊ぶという観点での運動ノウハウを持ち合わせている子供は少ない。また，野外でのアウトドア・スポーツインフラ，ソフト面の環境整備が十分とは

いえない。しかし，長良川鉄道の沿線地域等中山間地域の環境整備は進んでいる。

　その環境の中で，最近脚光を浴びているのがサイクルツーリズムであり，それが今ブームとなっている。ブームの背景は，世の中のトレンドとしての「健康，エコ，省エネ」が脚光を浴びていることによる。生活の中に自転車を取り入れることは，時代の先端を歩むことになり「カッコいい」に通じている。昔の自転車は荷物を運搬することに使命があったが，蒸気機関車，自動車の出現により自転車は「移動手段」の担い手ではなくなった。今は，「健康，エコ，省エネ」の役割を担っている。

　ところで，自転車愛好家は，近隣で自転車を楽しむことに飽き足り，遠出をして自転車を楽しむ傾向に変わりつつある。遠出をして自転車を楽しもうとすれば，その地点までの移動手段の介在が必要となる。その手段として鉄道が注目されるようになり，中山間地域を走る第三セクター鉄道の多くが「サイクルトレイン」を運行している。また，駅からの利便性を考慮して二次交通としてのレンタサイクルを鉄道会社が運営し，鉄道との相乗効果を高めようとしている。

　これらの実態を踏まえて，本章では，長良川鉄道を事例にしてサイクルツーリズムの現状と課題について考察する。

第2節　サイクルツーリズムとは

　工藤・野川（2002）は，スポーツ ツーリズムの定義を先行研究の共通点から「スポーツあるいはスポーツイベントへの参加または観戦を主目的としていること」，「日常生活圏を離れ旅行すること」の 2 点であるとしている。いずれにしてもレジャー，旅行の目的という活動の側面で定義されている。この定義によればサイクルツーリズムは上記の 2 点の要素が含まれ，まさにスポーツツーリズムの一つである。

　サイクルツーリズムは「自転車を活用した観光」と定義することができ，サイクルツーリズムは「自転車に乗ることを主な目的とした旅行」「レジャー，旅行を主目的とした道程の中での自転車利用」に分けることができる。その領域はアクティブツーリズムが中心となるが，原田（2016）は，アクティブツーリズム領域とイベントツーリズム，ノスタルジアツーリズムの領域と一部重複していると言う。また，原田（2009）はスポーツツーリズムの構成は「スポーツツーリストが輸送機関（観

光交通）を利用してスポーツアトラクションに移動」し，「そこでホテル等のサービス施設に宿泊，飲食，買い物をし」「スポーツアトラクションやサービス施設等の観光対象情報はインターネット，旅行エージェント等により提供される」の3つの要素から成り立つが，スポーツツーリズムの特徴はスポーツツーリスト，スポーツアトラクションにあるとしている。サイクルツーリズムをおいてもその特徴は，サイクリストとサイクルスポーツのロケーションにあるとしている。

第3節　サイクルスポーツと健康

　アウトドアスポーツの一つとしてウオーキングが盛んであるが，その実施の大きな目的は健康である。現実にその効果は高い。「international journal　of　epidemiology」2003 で発表された「歩行時間と医療費との関連について」をみると，1人当たりの1ヶ月の平均医療費と1日の歩行時間には関連性がみられ，歩行時間が長いほど医療費が低く抑えられている。さらに，歩行時間が1時間より短いグループと長いグループに分けると，短い時間のグループは1人当たりの1ヶ月の医療費は19,800円で，長い時間のグループより13％と高くなり，1人当たりの4年間の医療費総額は，歩行時間が長いグループ（633,900円）に比べ，短い時間のグループ（821,300円）は高くなっている。入院日数も歩行時間が短いほど多くなる傾向がみられる。高石（2009）は歩行と自転車走行に関わるエネルギー消費比較等を行い，自転車走行が歩行より健康効果が高いとしている。体重65kg の男性が平地もしくは勾配1％，3％の道を一定速度で歩行及び自転車走行した場合の1分間当たりのエネルギーの消費量は分速90mの歩行と軽快自転車の時速15km とほぼ同等であるが，自転車走行は「爽快」「楽しい」とする人が多く，走行時間，走行範囲は歩行より拡大傾向にある。また，糖代謝，呼吸商においても常に自転車走行が歩行より上回っているとしている。

　また，シマノ（株）の「サイクリンググッドvol7（電信版）」から通勤形態別《（公共交通機関，自家用車，自転車（スポーツ系・ヘルメット着用），自転車（シティサイクル系・ヘルメット非着用）》の医療費の変化調査（2008〜2011年度）をみると，スポーツ系自転車に乗っている人が4年間を通じて医療費が低いという結果がでている。その分析として，スポーツ系自転車は高い運動強度を実現しやすく，それが血液

や体脂肪等のコントロールができている可能性が高く，脚の筋力維持や増進を促す可能性が高いとしている。マイナスイオン，オゾン，フィトンチッド一杯の大自然の中でのサイクルスポーツは，日々疲れた心をリフレッシュさせ，明日の英気を養う。

第4節　行政による自転車利用推進

　「政策のあり方に関する調査報告書2003」（自転車社会学会）で自転車利用奨励の意義をみると，アメリカ連邦政府では「多くの場面で人の寿命を延ばす」「健康管理のコストを削減する」「汚染の軽減費用を削減する」「石油の購入費用を削減する」とする一方，公共団体としてのメリットとしては自動車依存社会に起因する環境，交通，健康，土地利用及び安全の諸問題を軽減できるとしている。また，アメリカの歩行者自転車情報センター（政府出資）では，健康上の利益（継続的なサイクルスポーツは心臓病，脳卒中その他慢性病の危険性の減少，ヘルスケア費の削減，生活の質向上が図れる），交通上の利益（個人トリップの4割は2マイル以下でこれを自転車に代えれば自動車の渋滞，時間と燃料の浪費，公害，ストレスの解消等が図れる），環境上の利益（一酸化炭素及び窒素酸化物の排出による大気汚染の削減ができる），経済的利益（家計の13％は車の出費であり，年平均で5,170ドルの費用が自転車転換で120ドルになり，大きな利益が出る），生活の質の利益（都市生活に無形の利益をもたらす。自転車が盛んな地域は居住，ビジネス，観光等にとって安全でやさしい印象を与える）としている。

　以上が示すように，アメリカにおいては，その意義を積極的にアピールしているのに対して，従来，日本では「環境にやさしい交通手段」「環境面の負荷が少ない自転車」等環境面の観点から語られている例が多い。しかし，最近では，健康，快適性，地域活性化等多面的に語られるようになり，日本でも自転車の多様な意義が認識されるようになってきた。国土交通省では「自転車活用のまちづくり」推進の観点からサイクスポーツを楽しみながら地域の魅力を堪能する新しい観光の普及促進を図るためにサイクルツアー推進事業モデル地区を指定して，それを紹介するなど，自転車活用による観光振興を積極的に推進している。また，地方の観光誘客の観点から観光庁では2017年度からテーマ別観光による地方誘客事業にサイクルツーリズムを新

たに選定し，複数の地域のネットワーク形成，課題や成功事例の共有による観光支援を行うこととされている。

　近年は，スポーツ自転車，電動アシスト自転車等の販売台数が増加傾向にある。これは，健康や環境保全への意識の高まり，さらにはコンパクトシティに向けたまちづくり等を支える移動手段として，自転車利用のニーズが一段と高まっている証である。また，自転車が身近で有用な移動手段として重要な役割を担っていると，2016年3月の「自転車ネットワーク計画の策定の早期進展」と「安全な自転車通行空間の早期確保」に向けた提言（安全で快適な自転車利用環境創出の促進に関する検討委員会）の中で述べているが，日本の自転車の安全通行空間は未整備で人口当たり自転車乗用中の死者数は欧米諸国と比較して高いとしている。この現状を受けて国土交通省は2016年7月19日に自転車通行の安全の確保の観点から「安全で快適な自転車利用環境ガイドライン」の一部改正を行っている。これは，サイクルツーリズム推進には朗報であるが，最近，自転車が歩行者にケガをさせる等の事例も増加しており，安全マナーの確立等その安全対策が必要となっている。

第5節　自転車利用のメリット・デメリット

　古倉（2013）は自転車利用のメリットを自動車と比較し，そのメリットを，物理的側面から近距離（5km程度以内）での迅速性，駐輪空間のコンパクト性，小回り性・軽快性等を，経済的な側面から経済性，効率性，定時性等を，快適性の側面から健康性，爽快性，季節体感の可能性，住民との触れ合い性等を，環境的な側面から排気ガス，騒音，地球環境負荷なし等をあげている。また，公共交通基盤が脆弱な地域での補完交通手段として，走行空間や駐輪スペースは最小限で済み，特段の自転車道を整備しなくても，その安全性・快適性を検証しながら狭い道路をネットワークに組み込むなどにより，時間を気にせず，自由に，機動的に移動できるという大きなメリットを有しているとしている。

　しかし，このようなメリットがあっても，現在のクルマを中心としたまちづくりにおいては，自転車道整備の政策的なプライオリティは低い。自転車の有意義性を生かすためには行政がその有意義性を理解し，政策的に自転車道整備のプライオリティ

を高める必要がある。また，自転車は買物，通勤，通学等の時間を有効に活かすとともに，貴重な健康維持と病気予防の手段であること，医療費削減（高齢化社会を迎え），自助の足の確保，行政経費削減等に寄与することを認識する必要があるとしている。一方，デメリットとして，天候・勾配等の自然的条件からの制約，事故時の脆弱性，放置・ルール無視等の迷惑性など人為的な条件からの制約をあげている。天候などを除けば劣位な点は，近年の様々な施策や技術が進展することにより減少し，相対的な優位性は高まっているとし，自転車利用の発展性を示唆している。鉄道の利用客拡大を進めている鉄道事業者としては，サイクルトレイン，レンタサイクル等の運用を拡大することが求められる。

第6節　サイクルスポーツの現状

　自転車産業振興協会のデータによれば，2016年の自転車生産台数は944千台と2011年（1,102千台）の85%程度となっているが，2016年の生産額は54,024百万円と2011年（42,786百万円）の約1.26倍と拡大し，スポーツ自転車を中心として自転車単価は高額化している。また，2009年の世界の自転車保有台数データ（調査年度にバラツキがあるが）から日本の保有台数をみると第6位（約8,665万台）となっている。

　サイクルスポーツの実施状況をスポーツライフデータ2014でみると，サイクリング実施率は7.2%で全体実施種目のベスト8に入っている。それを年代別にみると，40歳代は実施率9.6%とベスト9位，50歳代は実施率7.2%とベスト8位，60歳代は実施率8.4%とベスト6位，70歳以上は実施率2.8%とベスト12位となっているが，20, 30歳代はベスト15に入っていない。今後行いたい運動・スポーツ種目をみても，サイクリングは40歳代，50歳代でベスト10に入っており，サイクルスポーツはシニア層のニーズが高く，全体としてシニア化が進んでいる。

　近年，サイクルスポーツイベントも各地で行われている。長良川鉄道沿線でも，美濃市において毎年「国際サイクルロードレース」である「ツアー・オブ・ジャパン」(1) や山岳地帯の急勾配の道を駆け上がる「美濃ふくべサイクルヒルクライム」，関市で「せきサイクル・ツーリング」が毎年板取川，津保川沿いで開催されている他，民間ベースでもサイクルスポーツイベントが開催されている。

また，岐阜県内では，岐阜新聞主催で乗鞍スカイラインサイクルヒルクライム等が開催されている。殿下平総合交流ターミナル（標高1,360m）から，乗鞍スカイライン山頂（標高2,702m）までの距離約18.4km　（標高差1,342m，平均勾配約7.2%）で競技が行われており，これも好評である。

第7節　サイクルトレイン（鉄道車両内への自転車の持込）

　サイクルトレインとは，通常の自転車使用形態のまま鉄道車両に載せることができる列車のことである。ヨーロッパ等では多くの鉄道で自転車の持ち込みが可能になっており，それが一般的な風景である。駅まで自転車を車に乗せて来て，その自転車を列車に乗せ，降車駅からはまたその自転車に乗って目的地に行ける便利さがある。従来日本の鉄道では，車両内への自転車の持ち込みは禁止されてきたが，最近は自転車を持ち込める鉄道の数は増加している。最近，JRも自転車の持ち込みについて弾力的な運用がされつつある。

　サイクルトレインはその目的や運行形態からみると，「毎日運行型」「休日・レジャー型」に大きく2つに分けることができる。「毎日運行型」は平日土休日を問わず，鉄道車両に自由に自転車が持ち込みできるものであるが，安全上の問題もあり，その運用は朝夕の通勤・通学ラッシュ時を除いたオフピーク時の運行であるところがほとんどである。さらには，予約制を導入しているところもあり，利用に制限がある場合が一般的である。ヨーロッパ等では常時自転車の持ち込みを可能としていることからみると，日本のサイクルトレイン文化は発展途上である。「休日・レジャー型」では土休祝日および春夏冬休み期間のオフピーク時にサイクリングを楽しむことを可能にする。それは，休日などの特別な期間（不定期）に運行され，その利用のほとんどはサイクリング目的で，イベント列車として運行される場合が多い。これらについても予約制等その利用について制限を設けている例が多い。鉄道と自転車が共生するヨーロッパ型の自転車活用鉄道形態を追求していくことが期待される。

　サイクルトレインは，近年，ローカル鉄道の増収対策の一環として実施している例が増えているが，実施日・実施時間が平日の昼間や土日祝日などの利用の少ない時間帯に限定されている場合が多い。実施している路線であっても一部の駅では利用でき

ない場合もある。また，運賃とは別に持ち込み料を収受する鉄道事業者と，持ち込み料を収受しない鉄道事業者がある。事前申し込みが必要な場合もある。これらの取扱いは鉄道事業者や路線によりそれぞれ異なっている。サイクルトレインはローカル鉄道の多くが取り入れている。その形態の中心は「休日・レジャー型」である。

サイクルトレインはホームとの段差がない電車を中心に運行されており，段差があり，ワンマン運転で乗り降りに時間を要する内燃機関車（ディーゼル機関車）中心のローカル鉄道は毎日運行が非常に少ない。

長良川鉄道では，予約制であるが，平日は関駅 8：36 発，美濃白鳥駅 10：08 着で，土日祝日は関駅 6：52 発，美濃白鳥駅 8：25 着でサイクルトレインを運行（平成 29年度現在）している。この利用実績をみると，毎年増加しており平成 28 年度は 148人と平成 26 年度（129 人）と比較して 19 人増加をしている。その利用曜日は土日曜日が中心（全体の 70％程度）であるが平日利用も増加をしている。平成 29 年度も出足（4 月から 6 月）は順調で平成 26 年度より 26 人増加をしている。今後も人気化を

写真 2-1 サイクルトレイン・イベント列車

長良川鉄道株式会社提供（2012 年 7 月 20 日撮影）

していくと予想される。

　サイクルトレイン運行の拡大要望は強いが，利用者の車両内での安全設備対策の面，コストパフォーマンス，人員配置可能性等の面から検討しているところであるが難しい状況である。また，ママチャリ等日常的に利用する自転車の常時積み込み対応の要望もあるが，ホームと列車の段差の問題，駅構造上の問題（階段がある等），安全対策の問題，乗り降りに時間がかかる問題等があり，その対策が必要となる。

第8節　長良川鉄道のレンタサイクル運用状況

　レンタサイクルは，従来，主として環境，省エネ対策の一環として行政が推進してきた。レンタサイクルは大きく分けると，「観光地型」と「日常生活移動型」の2つがある。長良川鉄道の沿線地域で言えば，観光地型は郡上市，美濃市，関市において，観光客が自転車に乗って観光スポットを巡るものである。一方，日常生活移動型は主に買い物，病院通い，通勤通学等に使われるもので，鉄道利用の前後の交通を補完する二次交通である。利用者は，自転車管理者によって良好にメンテナンスされた自転車に常に乗ることができるメリットがあるものの，利用者の体型や好みに合わせた自転車提供を受けることが困難である等の問題がある。レンタル側は，観光地型と日常生活移動型の特性を踏まえ，利用者の多面的なニーズに応じた多様なサービス提供が求められる。

　自転車で街を散策，観光したい，ビジネスで企業を訪問したい，買い物をしたい，病院に行きたい等の鉄道利用者のニーズに対応して，長良川鉄道の有人駅に電動アシスト自転車を配置した。このことは，通勤・通学の自動車利用から長良川鉄道利用への転換を図るとともに，沿線市町への観光客の誘導を図ることとなる。また，CO_2，NO_x 排出削減（自転車の CO_2，NO_x の走行速度別算定モデルから計算すると，例えば，走行速度 40km/時間の車が鉄道利用に転換された場合は，CO_2 排出量は 46g/km/日，NO_x 排出量は 0.2g/km/日削減される）をも意図している。このように環境改善効果があることから，岐阜県（岐阜県公衆衛生検査センター経由）には一時期電動アシスト自転車導入支援制度（100%補助）があり，長良川鉄道はそれを活用して電動アシスト自転車を美濃市駅，関駅に配置した。その2駅の利用者数は，平成23年度の169

人から平成 28 年度に 430 人と伸びている。

　美濃市駅の利用目的状況（長良川鉄道による平成 25 年 4 月から平成 25 年 9 月の半年の電動アシスト自転車利用申込者の状況）をみると，その利用者は 74 人（利用者数は年々増加）で，その利用目的は観光・旅行が 93％（図表 2-2）とほとんどを占める。利用者の在住地は関東圏 43％（図表 2-1）であるがその大部分は東京都在住者である。香港，オーストラリア，フランス等在住者の利用もある。

図表 2-1　美濃市駅の電動アシスト自転車利用状況（居住地別）

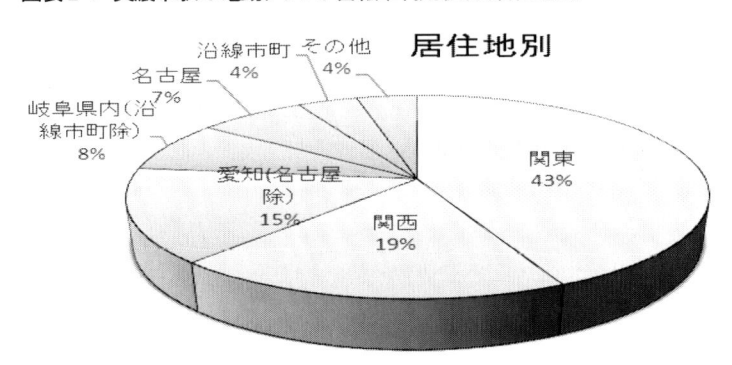

出典：長良川鉄道の電動アシスト自転車利用データを下に著者がグラフ化

図表 2-2　美濃市駅の電動アシスト自転車利用状況（利用目的）

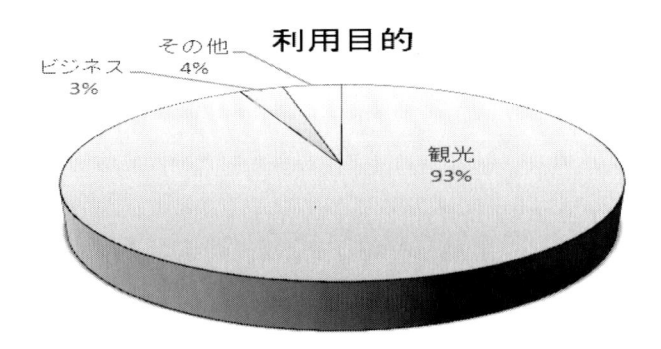

出典：長良川鉄道の電動アシスト自転車利用データを下に著者がグラフ化

また，関駅の利用状況（長良川鉄道による平成25年4月から平成25年9月の半年の電動レンタサイクル申込者の利用状況）をみると，その利用者は60人で，その利用目的は観光・旅行が50%，ビジネス20%，通院12%となっている（図表2-4）。ビジネス利用が多いのは，関市の産業特性（世界，全国の刃物バイヤーが来る刃物の街）を表している。利用者の在住地は沿線市町26%，関東圏18%，関西圏17%，名古屋市15％と居住地は分散（図表2-3）している。

図表 2-3　関市駅のレンタルサイクル利用状況（居住地別）

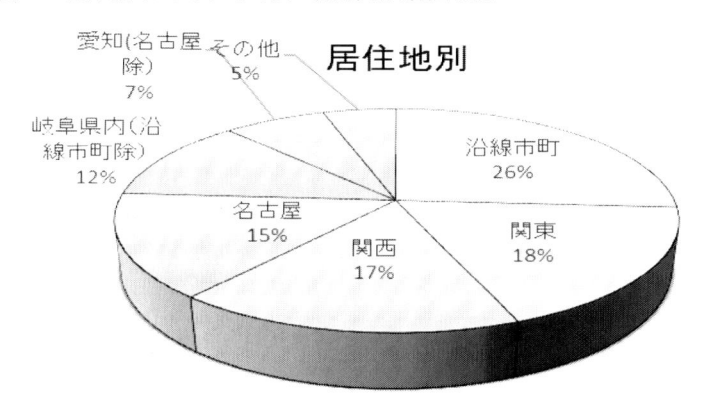

出典：長良川鉄道の電動アシスト自転車利用データを下に著者がグラフ化

　これから日本においてもシェアリング・エコノミーが本格化し，自転車のシェアーサービスが続々と誕生してくると予想され，鉄道会社もそれを意識した自転車シェアーサービスを検討していく必要がある。スマートフォンで近くの自転車を探し，スマートフォンで決済する時代が本格化すると予想される。2017年9月8日の日本経済新聞（朝刊）によると，ドコモ・バイクシェアは都内7区，横浜市，仙台市等で2011年から実証実験を進めている他，モバイク（中国企業）が2017年8月に日本市場に参入，オッフォ（中国企業）が2017年秋にも東京，大阪でサービス開始，メルカリも本格進出するとしている。今後，地方（岡山市「ものちゃり」等）においても自転車シェアは進んでいくと予想される。

図表 2-4　関市駅の電動アシスト自転車利用状況（利用目的）

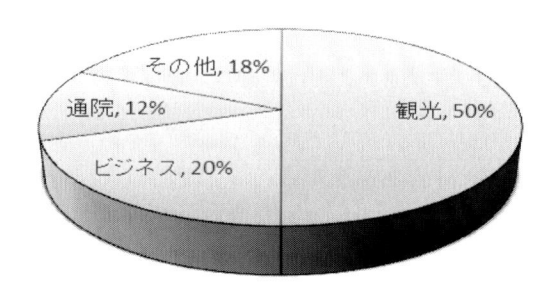

利用目的

その他, 18%
通院, 12%
ビジネス, 20%
観光, 50%

出典：長良川鉄道の電動アシスト自転車利用データを下に著者がグラフ化

　以上が示すように美濃市・関駅の電動アシスト自転車の利用目的は，観光が中心である。

第9節　美濃市のサイクルシティ構想推進の課題

　長良川鉄道沿線の美濃市は，歴史，文化を「ゆっくり」「ゆったり」と味わえるスローライフを基本とした「真の豊かさ」実現のプロジェクトの一つとして「サイクルシティ美濃」の実現を目指している。サイクルシティ美濃とは，美濃市をスローライフ時代にふさわしい，自転車でも安全に走行できる道路を整備し，市民生活環境の向上及び美濃の川文化・山文化・里文化をサイクリングで楽しみながら地域の魅力を堪能する新しい観光の普及に努めることを目的として「自転車を活用した健康増進」「コ・モビリティ社会の実現」「自転車を活用して新しい観光の普及」「安心・安全な道路整備」「超高齢化社会に対応した公共交通機関の充実」を進めるとしている。この構想は街全体のリノベーションの一つの試みである。しかし，今の段階では，道の駅，和紙会館等にサイクルステーションを設置し観光客等に美濃市の街をゆっくりと散策させる手段として，また市民の病院へのアクセス等日常生活の移動手段としての活用が主目的となっている。

「サイクルシティ美濃」の実現ワーキンググループの議論 (2) において浮上した具体的課題，望ましい姿等を整理すると概ね次のとおりである。

① 走行前の課題

コースにどんなスポットがあるのか分からない，コースの属性案内がない，ガイド，コンシェルジェが欲しい，マップにトイレ表示がない，サイクルマップが置いてある場所が分からない，観光スポットはあるけどそれが明示，ストーリー化されていない，ショップのマップに統一性がない，女性の最初の準備の場（着替え等）がない，シャワー室があるか否か分からない，レンタル自転車の予約方法が分からない，自転車のハザードマップがない（カーナビだと警告してくれるものはある）等である。

② 走行中の課題

安全なルートが確保されていない，安全な自転車道が未整備，道標がない，休憩場所がない，自販機設置が少ない，和紙の里会館のレンタルサイクルの場所が分からない，コース看板が分からない，レンタル自転車にナビ（ナビアプリ＋連携アプリ，ゲーム性，エアタグ）が付いてない，目的地への距離，時間が分からない，走行中にチャージ（電動アシストバッテリー，スマートフォン等の）ができない，景色を楽しめる工夫が不十分，コースの表記が不十分，駐輪スペースがない，ガイドマップの電子ペーパー化が進んでいない等である。

③ 走行後に感じたこと

サイクルイベントの運営体制が未整備，ターゲット別のコース設定が必要，美濃市のインフラとして自転車道の整備が必要，自転車のハザードマップ等安全な道の情報提供（サイクリングマップには多少掲載されているが）が必要，自転車修理屋のマップ表示が必要，サイクリストへのインセンティブ提供（レンタサイクルを使うと買い物などに特典）が必要，利便性を高める情報提供（トイレマップ，水分補給，自販機，空気入れ貸し場所等）が必要との課題があるとしている。また，完走の認定書があると良い，スタンプラリーのような楽しい工夫があると良い，達成感を味わう場がある

と良い，レンタサイクルの乗り捨て場があると良い，美濃市モデルの自転車があると良い等の希望もある。

第10節　サイクルツーリズム推進の課題と対応

　サイクルツーリズム推進のための長良川鉄道の果たす役割は，サイクリング目的で駅まで自転車を搭載してクルマで来た人が車を駐車場（駐車環境の整備が必要）に置いて，サイクルトレインを利用して，観光地（目的地）ではどのような観光スポットを自転車で回遊するかなどのイメージの中で，走行空間の安全コースの情報提供，自転車利用者が満足できる感動の仕掛け等の設定が重要となる。自転車利用を拡大していくには，ハード，ソフトの条件整備，環境整備が必要であり，それを体系化することが求められる。

　サイクルクリングへの抵抗は，サイクリングをしたいと考えている人自身の条件が整っていないこと，例えば，自転車に乗れない，体力不足，病気で自転車に乗れない，乗りたくない等である。また，生活や社会条件が整っていない場合，例えば，自転車を楽しむ時間的余裕がない，スポーツタイプの高価な自転車を買う家計的な余裕がない等である。さらには，自転車環境条件が整っていない，例えば，自転車での道路通行が安全でない（交通事故の2割が自動車との接触事故），道路に楽しさがない等である。これら抵抗条件を解消する施策を進める必要がある。

10−1　地域における自転車環境疎外要因への対応

　ここでは美濃市サイクルシティーワーキンググループの議論の中でクローズアップされた課題を例に，その対応について考察をする。

①　安全な自転車道の確保

　自転車移動における最大の課題は，「安全な自転車道」がないことである。この整備を完璧に進めるためには莫大な財源を要し，このことを一気に進めることは財政の逼迫している地方公共団体にとって極めて困難であり，段階的な整備が現実的である。自転車道整備が進むまでは十分ではないがソフトでカバーしていくことが求められ

る。

　例えば，自転車道レーンの設置（レーン設置の道路幅があることが前提），自動車乗り入れ禁止区域の設定，子供の時から自転車マナー教育，自転車安全条例の制定，コースの属性案内，ガイド・コンシェルジェの設置，安全サイクルマップの提供，自動車走行が比較的少ないコース情報の提供等である。現在はITの時代であり，ガイドマップの電子ペーパー化，自転車にナビ情報をリアルタイムで提供できるシステムを構築していく必要があり，このことは実現可能である。

② 自転車を楽しむ仲間が欲しい人への対応

　仲間が欲しい人（一人で自転車を楽しむ人は多いが）には自転車愛好サークルをデータベース化し，その情報を提供すること等が求められる。サイクルトレイン愛好者，レンタサイクル利用者等の了解が得られれば，その情報を広く提供すれば自転車仲間の輪は広がる。

　最近は，仲間もリアルの仲間づくりだけでなく，Facebook，ブログ等を利用したバーチャルな仲間づくりが急速に進んでいる。自転車にGPSを設置して，その位置情報をリアルタイムで共有していくバーチャルな仲間づくりもその一つである。このことは，安全な自転車移動空間の情報提供機能を果たすことにもなる。

③ 楽しい自転車プログラムが欲しい人への対応

　自転車を愛用する人はビギナーからマニアまで幅が広い。マニアは自分自身で楽しみを演出することができるが，ビギナーは楽しみ方が分からない。そこには楽しむことができる自転車プログラムを用意することが求められる。例えば，ファミリーで楽しむことができる自転車プログラムづくり，楽しいスポーツ感覚の自転車教室（オリンピックゴールドメダリスト等自転車競技のトップアスリートからのレッスン），ステップアップする私的自転車資格認定プログラム，凸凹自転車競技大会開催，河原での自転車競技大会開催，自転車を楽しむ沿道景観演出〈人間の五感を楽しむ仕掛け，例えば，四季の花（桜・紅葉等），香り（金木せん，ラベンダー等），せせらぎの音，風鈴，小鳥のさえずり，実のなる樹木の植栽等の演出〉等である。また，旧板取村の

バイクトライアルイベントプログラムも楽しみを演出する有効な手段である。また，北海道占冠村のトマトの収穫体験を組み込んだサイクルイベントの開催，宮崎県西都市の女性限定の神社などのパワースポットを巡る（座禅も組み入れて）サイクルイベント等も参考事例である。

10－2 サイクルトレインの利用拡大

　サイクルトレインへの参加の動機は，自転車で郡上から下りてきたかったから，自分の自転車を鉄道に乗せてみたかったから，友人等に誘われたから，家族と自転車を楽しみたかったから，自転車イベントの内容が面白そうだったから，自転車好きの人と会えるから等である。サイクルトレイン参加者を拡大していくには，参加したいと思わせる環境づくりが重要である。また，それへの参加ニーズがあっても，サイクルトレインの存在を知らない人が多い。その存在を知らしめ，参加意識を持たせるプロモーションが必要である。サイクルトレイン参加者は，基本的には自転車愛好者である。その人たちが集まるスポーツ自転車店へのチラシ配布，ソーシャルネットワーク（Facebook，Line，ブログ等），ホームページの活用等が求められる。そこには，消費者の購買行動モデルである AIDMA の法則（「**Attention**　（注意）」→「**Interest**　（関心）」→「**Desire**　（欲求）」→「**Memory**　（記憶）」→「**Action**　（行動）」），AISAS の法則（「**Attention**（注意）」→「**Interest**（関心）」→「**Search**　（検索）」→「**Action**　（行動）」→「**Share**　（共有）」」等を踏まえたプロモーション戦略が必要である。

　また，自転車愛好者の裾野拡大の観点から新たな愛好者を創出していくことも必要となる。個人にメリットがあることを具体的にイメージできるようにアピール，例えば，筋力，持久力，瞬発力，バランス力，心肺機能の強化，生活習慣予防等の健康機能や，愛好者同士の助け合い，相手を思う優しさ，先を見通す力，リーダーシップ等の教育機能や，交流人口の増大，医療費の縮減，地域での消費拡大，地場産品の販売拡大，雇用の増大等のまちづく効果，経済効果があることを具体的にイメージできるように数値等を活用してアピール（効果の見える化）することが重要となる。

　また，サイクリストへの情報（自転車修理屋・病院，ショップ一覧，自転車ハザードマップ等）をタイムリーに提供していくことが必要となる。

ハード面で言うと，列車内の自転車固定装置の設置，駅等で自転車を解体・組み立てできるスペース確保，メンテナンス工具の設置，更衣室やコインシャワー室の整備，自動車（自転車運搬の）の駐車場確保，列車とホームの段差解消，駅のスロープ化等の対応が求められる。

　マイナスイオン，フィトンチッドが一杯の大自然の中を走るサイクルツーリズムの魅力，機能，楽しさ等を如何にして情報発信するかが大きな課題となっている。サイクルツーリズムに魅力を感じる女性も多く，さわやかな風を受けて走るサイクルツーリズムを最近は恰好いいと感じる人が多い。癒し空間の中でのスポーツは精神的なリフレッシュを図ることができ，そこでのスポーツは人と人の絆を強くし，当然として体力アップにもつながる。四季を忘れた現代人にとって，そこには感動があり，驚きがあり，楽しみがある。これを体験した人によるSNS（ブログ，Facebook等），口コミ等で情報発信していくことが有効と考えられる。また，マスメディアが記事にしたくなるようなサイクルツーリズム企画が重要になるが，郡上市のような中山間地域，長良川鉄道では，そのノウハウが少なく，専門機関，アウトドアスポーツ，サイクルスポーツ関連組織等からのノウハウ提供が求められる。

　また，これから拡大すると予想されるバイクシェアリングへの対応も必要となる。

10-3　サイクルツーリズム推進組織の整備

　原田（2016）は，スポーツツーリズムはスポーツで人を動かす仕組みづくりを意味し，地域でその仕組みを動かす専門の組織と人材が必要となり，それがスポーツコミッションであると言う。

　アメリカではスポーツ大会を誘致するスポーツコミッションが民間会社や非営利組織で運営され，その会員数は2015年時点で727ある。日本でも日本スポーツツーリズム推進機構が司令塔となり地域のスポーツコミッション設立を支援し，2015年時点でスポーツコミッションは，さいたま市スポーツコミッション（2011年に日本で始めて設立），清流の国ぎふスポーツコミッション，佐賀県スポーツコミッション等18ある。しかし，サイクルスポーツに特化した組織はサイクルツーリズム北海道推進連絡会議，青森県サイクルツーリズム推進協議会が現存するが非常に少なく，

その組織整備が必要である。特に，中山間地域，過疎地域においてサイクルツーリズム推進の組織整備が求められる。

10-4 サイクルツーリズムを担う人材育成（戦略的マーケッター）

戦略なきサイクルツーリズム展開には限界がある。サイクルツーリズムの対象者をセグメントして，そのターゲットごとに差別化，ポジショニングを進めることができる戦略的マーケッターが必要となるが，その人材が不足している。特に，中山間地域においてはそれが顕著である。その育成が大きな課題である。また，サイクルツーリズムの対象者の潜在的ニーズ，行動を理解し，より良いサイクルツーリズム展開の環境を構築していく人材育成が課題となる。

第11節 おわりに

サイクルツーリズムを始め，日本ではアウトドアスポーツはまだまだマイナーなスポーツであるが，欧米では人気スポーツの一つである。日本でも大自然の中でのスポーツは徐々にではあるが，今後脚光を浴びていくと考えられ，それに向けてのハード・ソフトの整備が求められる。また，スポーツツーリズムはグローバルに展開されており，それを意識しての整備が必要となる。スポーツツーリズムは観光立国戦略の一つになっており，日本全体でアウトドアスポーツ，サイクルスポーツ展開が進めば，その裾野は拡がっていくものと考える。このスポーツが盛んになれば中山間地域では活性化にもつながり，過疎化の歯止めにも，また崩壊しつつあるコミュニティの再生にも繋がる。

鉄道とサイクルツーリズムの関係は，現時点において日本の自転車文化が成熟していないこと，鉄道にとって自転車は規制の対象に過ぎないこと，それとの関係づくりの十分なノウハウを持っていないこと等から十分な相互の連携が行われていない状況である。しかし，鉄道会社にとって自転車活用が高まる中，自転車に関する事業を積極的に行っていくことは得策であると思慮される。サイクルトレイン運行等による収入確保のみならず，長良川鉄道ファンの拡大，レンタサイクル事業の新たな事業展開等へと発展していく可能性は高い。これは地域を元気にする事業であり，他事業と

組み合わせて，自転車利用者，地域に歓迎される事業にブラッシュアップをしていくことが重要である。例えば，サイクルツーリズムと医療ツーリズム，エコツーリズム等と融合したニューツーリズムの展開も必要になってくる。

注

(1)　2017年5月24日に第20回「ツアー・オブ・ジャパン」（距離140km）に国内外の16チーム，84人のプロレーサーが参加，観光客は約3万人。

(2)　「サイクルシティ美濃推進会議」の会議録（2013）を下に筆者が整理。

参考文献

安全で快適な自転車利用環境創出の促進に関する検討委員会（2016）『「自転車ネットワーク計画の策定の早期進展」と「安全な自転車通行空間の早期確保」に向けた提言書』国土交通省

工藤康宏・野川春夫（2002）「スポーツツーリズムにおける研究枠組みに関する研究」『順天堂大学スポーツ健康科学研究』第6号，183-192頁

公益財団法人笹川スポーツ財団編・発行（2014）『スポーツライフに関する報告書』

国土交通省道路局・警察庁交通局編・発行（2016）『安全で快適な自転車利用環境創出ガイドライン』

高石鉄雄（2009）『自転車で健康になる』日本経済新聞社

古倉宗治（2010）『成功する自転車まちづくり-政策と計画のポイント』学芸出版

原田宗彦（2016）『スポーツ都市戦略』学芸出版社

原田宗彦・木村和彦編著（2009）『スポーツ・ヘルスツーリズム』大修館書店

渡辺千賀恵（1999）『自転車とまちづくり』学芸出版社

参考 URL

AIDMA（アイドマ）・AISAS（アイサス）の法則とは？購買行動モデル（理論）に最適化するポイントについて http://viral-community.com/affiliate/aidma-aisas-4374/（最終アクセス 2017 年 12 月 31 日）

Cyclingood
http://www.cycle.shimano.co.jp/content/sic-bike/ja/home/cyclingood/_jcr_content/bodycontent/download_11/downloadFile/file.res/VOL7.pdf（2017）（最終アクセス 2017 年 12 月 1 日）

自転車を利用した地域活性化（2013）
http://www.chiiki-dukuri-hyakka.or.jp/book/monthly/1306/html/f00.htm（最終アクセス

2017年12月1日）

自転車生産動態・輸出入統計（2013）

http://www.jbpi.or.jp/_pdf/atatch/2004/08/00000175_20131016170101.pdf（最終アクセス2017年12月31日）

千葉市におけるサイクルツーリズム推進ビジョン（2015）

http://www.city.chiba.jp/sogoseisaku/sogoseisaku/kikaku/documents/07saikuruturizumu.pdf（最終アクセス2017年12月31日）

図録自転車普及台数の国際比較（2009）http://www2.ttcn.ne.jp/honkawa/6371.html（最終アクセス2017年12月31日）

政策のあり方に関する調査報告書2003

http://www.geocities.jp/bikesocio/political/2025-25plan/seisaku（最終アクセス2017年12月31日）

歩行時間と医療費との関連について

http://www.pbhealth.med.tohoku.ac.jp/outline/cohoto/0310intjeppidemiol.html（最終アクセス2017年12月31日）

第 3 章　スポーツクラブ経営実践の現状と課題—IGS ユニバーサルスポーツクラブの取り組み事例から—

第 1 節　IGS ユニバーサルスポーツクラブの基本理念

　IGS ユニバーサルスポーツクラブは，岐阜県岐阜市・笠松町・各務原市および その周辺を中心として活動する広域型の地域スポーツクラブとして 2013 年に設 立された。「スポーツ・遊びを通じて豊かな社会づくりに貢献する」という理念 のもと，クラブ活動だけでなく様々な側面からスポーツに関わっている。

　理念に掲げる「豊かな未来」の実現のために，豊かさを以下の通り個人・集団・ 社会の三つの段階で示し，各活動に共通するクラブの基本的な考え方としている。

●Individual／個人：誠実さと遊び心を持ち情熱を燃やす人

　自分のため，仲間のため，世の中のために，自ら考えて行動できる人が育つよ うな環境づくりをおこなう。

●Group／集団：愛情とコミュニケーションに基づく信頼し合える集団

　困ったとき，弱ったときに拠り所となる仲間関係を築くことができるような環 境づくりをおこなう。

●Society／社会：思いやりと活気にあふれる心躍る社会

　社会を構成する人や集団に目を向け，活力がみなぎるような仕掛けづくりをお こなう。

　上記の三つの豊かさには，必ずしもスポーツが必要となるわけではないが，ス ポーツの楽しみが引き出す自発的かつ積極的な取り組み姿勢がこれらの豊かさ につながるものと考えている。スポーツの普及・振興，スポーツによる人づくり・ 仲間づくり，スポーツによる社会貢献活動など，複数の視点からとらえて一つひ とつの活動を展開している。次節からは IGS ユニバーサルスポーツクラブの特徴 的な活動事例とその活動の考え方を紹介する。

第 2 節　スポーツ環境の多様化にむけたクラブ活動

　IGS ユニバーサルスポーツクラブの活動は，日常的に実施するクラブ活動，定

期的に実施するスポーツ教室，単発で実施するスポーツイベント，クラブが賛同する団体のスポーツ活動支援などがある。中でも核となるのがクラブ活動だが，最初に始まったジュニアサッカースクールは，高度化，専門化するスポーツ環境には合わない子どもたちのための場としてスタートした。

　サッカーの指導は他の競技と比べて早い時期からライセンス制度が確立されたこともあり，多くの指導者がライセンスを取得して子どもたちの指導にあたっている。そのため，少年団，部活動，クラブチーム，民間サッカースクールなど子どもたちのサッカー環境の多様化が進んでも，どの環境下においても技術面については一定の質の指導が受けられるようになりつつある。一方で，低年齢からの専門的な指導も進んでおり，指導者や保護者の勝利への欲求や子どもたちにサッカーを教え込みたいという欲求が強くなると，技術を身につけさせることや試合に勝つことが一番の目的となることも多い。しかし，子どもたちの中にはただサッカーをすることが楽しいだけで，うまくなりたいあるいは試合に勝ちたいという欲求が薄い子どもたちもいる。そのような子どもたちにとっては高度化，専門化する環境はむしろスポーツから遠ざかる一因にもなりかねない。

　こういった問題意識から，IGS ユニバーサルスポーツクラブのジュニアサッカースクールは，子どもたちが純粋にのびのびとプレーできる環境を提供することを目的として始まった。子どもたちにとってスポーツはあくまでも遊びであるとの考えから，大人が介入しすぎることを避けることで自主性や協調性を育んでいる。実際のスクール現場での様子を見ると，その日に実施するメニューの大半を子どもたちが話し合って決めているため，サッカースクールにも関わらず，日によってはまったくサッカーをしない日もある。指導者は細かいルールの調整，時間のコントロール，新しい遊びの紹介，輪に入れない子のサポートなどが主な役割となり，技術指導や指示などはほとんど行わない。チームに馴染めなくて新たな環境を求めている子，運動やスポーツが好きだが苦手な子の受け皿となるだけでなく，このスクールを経て少年団やクラブチームで本格的にサッカーを始めた子もおり，子どもたちのサッカー環境の選択肢の一つとして一定の成果が出始めている。

写真 3-1　ジュニアサッカースクールの様子

撮影者　IGS ユニバーサルスポーツクラブ

　クラブ活動で最も特徴的なのは，障害を持つ子どもたちを主な対象としたジュニアスポーツスクールである。活動のきっかけは特別支援学校の先生との会話だった。特別支援学校の生徒たちは身体を動かす事が好きな子も多いが，学校の体育の時間以外でスポーツをする機会が極めて少なく運動不足になりがちであること，また，地域のスポーツクラブや少年団では受け入れられなかったり，続けられなかったりすることが多いことなどの話をもとに，障害の有無にかかわらずスポーツを楽しめる場としてジュニアスポーツスクールが始まった。主に普通学校の特別支援学級に通う発達生涯を持つ子どもたちや，特別支援学級に通う知的障害を持つ子どもたちが活動に参加している。

　発達生涯や知的障害を持つ子どもたちは集団行動が苦手なことが多いため，彼らのスポーツ活動としては一般的に陸上，水泳，卓球など個人種目に取り組むことが多い。しかし，ジュニアスポーツスクールではあらかじめ種目を特定するの

ではなく，子どもたちの要望を聞きながら一緒にメニューを決めているため，野球，サッカー，バレーなどの団体種目にも挑戦している。種目によっては参加せず見学や休憩時間にあてる子もいれば，自分の思い通りにならなくて泣き出したり喧嘩が始まったりすることも珍しくない。その際，指導者には子どもたち一人ひとりの発達段階や興味・関心，理解度などに合わせて，種目のルールにとらわれるのではなく子どもたちに合ったルールを作るなど，その場その場での柔軟な対応が求められる。マニュアル化することが非常に難しいため，うまくいかないことも多々あるが，子どもたちも指導者も失敗しながらでも楽しんでいる。

　また，障害を持つ子どもたち向けのスポーツの場としてスタートしたが，県のホームページを通じてボランティアスタッフの受け入れを始めたことで，高校生や大学生を中心に障害者福祉に興味のある学生たちの経験の場としても活用されるようになった。子どもたちが喜ぶのはもちろんのこと，ボランティアスタッフにとっても子どもたちと一緒になって遊びながら一人ひとりの特徴を理解し，同じ障害でも個性があることを体感できることは非常に有意義なことであり，そういった経験を経た学生を社会に送り出すことも IGS ユニバーサルスポーツクラブが掲げる豊かな社会づくりにつながっていく。

第 3 節　スポーツ活動の支援

　地域のスポーツクラブにとっては，地域の団体が求めるスポーツ活動や他のスポーツ団体が展開する活動を支援することも重要な側面を持つ。

　コーチが各地に出向いて開催するスポーツ教室は保育園，小学校，母子生活支援施設，放課後等デイサービスなど様々な場所で実施されている。訪問する場所や対象によって内容は異なるが，スポーツを教えに行くのではなく，スポーツを使って子どもたちの良さを引き出すという点では共通している。

　月に一度，定期的に訪問している保育園ではサッカー教室を実施しているが，子どもたちをスポーツが得意な子や運動能力の優れた子に育てたいのではなく，スポーツを通じて物事を自発的に積極的に楽しめる子を目指している。そのためには，上手にメニューをこなすよりも，子どもたちが自ら考えられる余地をいか

に広げるかが重要になる。たとえば，ウォーミングアップ代わりに実施するおにごっこは子どもたちがルールを決める。やりたいおにごっこを子どもたちが提案し，提案した子がみんなにルールを説明する。ボール遊びでも，いくつかの例を見せた後には，子どもたちに自分の考えた遊びを披露し，みんなに挑戦してもらう。結果的にほとんど同じようなルールや遊びになることも多いが，人に与えられて楽しむだけではなく，自ら楽しみをつくり，友だちと共有する経験を重ねていくことに重きを置いている。

　また，子どもたちだけでなく，クラス担任の先生にとっても新しい発見の場となっている。先生は日頃から子どもたちと常に一緒に行動しているため，子どもたちの特徴や性格をよく知っている一方で，子どもたちの見方が知らず知らずのうちに固定化してしまっている場合がある。その上，責任をもって時間通りに集団行動をさせていかなければならないため，子どもたちの意思に関係なく強制させなければならない場面が多くなる。月に一時間から一時間半程度ではあるが，スポーツ教室の際はコーチが子どもたちの面倒を見るため，先生は改めて子どもたちの様子を客観的に見ることができる貴重な時間となっている。子どもたちの自発性を促すスポーツ教室のやり方も相まって，おっとりしている子が負けず嫌いだったり，言うことを聞かない子が集中していたり，しっかりしている子が受け身だったり，普段の子どもたちとは異なる様子が見られることも多い。このようにスポーツ教室は，保育園で子どもたちの良さを育てていく先生たちにとって，育てていくべき子どもたちの良さを再発見する機会にもなっている。

　このほか，障害者スポーツの支援も積極的に行っている。東京オリンピック・パラリンピックの開催が決定し，障害者スポーツへの注目が高まる中，岐阜県では脳性麻痺7人制サッカー（CPサッカー）の全国大会（CPサッカー全日本選手権大会）が毎年開催されており，IGSユニバーサルスポーツクラブはこの大会運営に全面的に協力している。

　障害者スポーツは競技種目だけでなく，障害の種類によっても細分化されている。同じサッカーだけでも，2016年に設立された一般社団法人障がい者サッカー連盟に所属する競技団体は，特定非営利活動法人日本アンプティサッカー協会

撮影者　IGS ユニバーサルスポーツクラブ

　（切断障がい），一般社団法人日本 CP サッカー協会（脳性麻痺），特定非営利活動法人日本ソーシャルフットボール協会（精神障がい），特定非営利活動法人日本知的障がい者サッカー連盟（知的障がい），一般社団法人日本電動車椅子サッカー協会（電動車椅子），特定非営利活動法人日本ブラインドサッカー協会（視覚障がい），一般社団法人日本ろう者サッカー協会（聴覚障がい）の 7 団体にのぼる。競技団体の運営や大会開催には大きな労力がかかるため，多くの団体が人材不足や資金不足に頭を悩ませている。

　スポーツで困っている人や団体のお役にたつことが地域のスポーツクラブとしての存在意義のひとつでもあるため，資金面の支援をすることは難しいが，地元で開催される全国大会の運営協力など，できることから始めている。関わり始めた当初は主催する一般社団法人 CP サッカー協会の指示に従って当日の大会運営のサポートをするにとどまっていたが，主催者の役員やスタッフが全国各地に

点在しおり集まる機会が限られているため，現在では企画段階から現地での会議に入り，大会計画や備品の搬入など事前の準備から参加している。当日も他の運営協力団体と連携を図り，協会の役員・スタッフが大会全体を管理しやすいような体制ができ始めている。また，大会と並行して開催するイベントの進行等も担当するとともに，クラブのスクール会員もイベントに参加するなど，幅広く関わりを持っている。

写真 3-3 CP サッカー全日本選手権大会の様子

提供者　一般社団法人日本 CP サッカー協会

　また，全国大会には地元の CP サッカーチームも出場しているが，大会以外にもクラブとの交流は増えている。CP サッカーチームのメンバーは子どもたちを中心に徐々に拡大しているが，全国大会の出場には年齢制限があるため，クラブが主催する子どもから大人まで参加できるフットサル大会に参加してもらったり，コーチがチーム練習に参加させてもらって一緒にサッカーをしたりしながら，どちらかが一方的に支援するのではなく，お互いが継続的に支え合う状況ができ

始めている。

第4節　社会貢献活動としてのスポーツイベント

スポーツ以外の分野へスポーツの有用性を展開することもスポーツクラブに求められる役割であるとの考えから，スポーツをツールとして活用した社会貢献活動も展開している。クラブが独自に活動するのではなく，他団体のではなく，他団体の要望をもとに企画を立案し，協働してイベントを運営している。具体的には，赤い羽根共同募金との協働の例が挙げられる。

赤い羽根共同募金は社会福祉法に基づいた社会福祉活動を支援するための募金運動であるが，全国的に募金額の低下が昨今の大きな課題となっている。IGS ユニバーサルスポーツクラブでは，社会福祉法人岐阜県共同募金会から赤い羽根ファンドレイザーとしての役割を担い，新たな募金活動の試みとして，赤い羽根チャリティ・グラウンド・ゴルフ大会と赤い羽根チャリティ・フットサル大会（アカチャリカップ）を企画，運営している。いずれも参加者が支払う大会参加費が赤い羽根共同募金の寄付金に充てるという仕組みとなっている。

アカチャリカップとグラウンド・ゴルフ大会は，それぞれ同様の仕組みではあるが，開催に至った経緯は異なる。アカチャリカップは募金運動の課題が出発点となった。赤い羽根共同募金は自治会を通じて集められる戸別募金と駅前やショッピングモールなどでの街頭募金が中心となっているが，自治会離れが進む現在，これまでより戸別募金が集まりにくくなっており，特に20代から40代の共同募金との接点が減少している。そこで，若年層に人気のあるフットサルを媒介として，赤い羽根共同募金の認知度向上と募金運動への参加を促すことを目的として始まった。

赤い羽根共同募金のビジョンである「ひとり，ひとりのやさしさが，　あなたの住む町を，もっと，やさしくしてくれます。」に基づいて，社会福祉事業や地域で助けを必要としている人たちを支援する活動に使用される共同募金のイメージを損ねないようにするための運営を心がけており，特別ルールを採用して競技性を薄めることで，一般の大会との差別化も図っている。そのため，子どもや

写真 3-4 アカチャリカップ集合写真

撮影者　IGS ユニバーサルスポーツクラブ

女性，親子参加も多く，非常に和やかな雰囲気で開催されている。

　また，第 2 節で紹介したジュニアサッカースクールのチームクラスの子どもたちや，その他のクラブ活動のメンバー，ボランティアスタッフ，さらに第 3 節で紹介した地元 CP サッカーチームの参加もあり，様々な形でクラブに携わっているメンバーが集まることができる機会にもなっており，募金運動のためだけでなく，クラブとしても重要なイベントとして位置付けられている。

　チャリティ・グラウンド・ゴルフ大会は，クラブが関わっていたスポーツ団体からグラウンド・ゴルフの愛好者が増えているが大会が不足しているとの情報を得たことで企画された。グラウンド・ゴルフの主な愛好者は定年を迎えて時間ができた高齢者である。社会福祉を支える現役世代と社会福祉事業の対象となる高齢者という構図が無意識のうちに刷り込まれがちだが，支える側に回ることができる高齢者がいるのは当然で，仕組みさえ整えば社会福祉をより充実したものに

撮影者　IGS ユニバーサルスポーツクラブ

できる。また愛好者は大会への参加に慣れているため，参加費の支払いに対する抵抗も少なく，その上，高齢者には赤い羽根共同募金の認知度も非常に高いため，グラウンド・ゴルフと募金運動の組み合わせは効果的だと考え，定期的に開催することとなった。

　レクリエーション協会やグラウンド・ゴルフ協会の賛同を得たことで，それぞれのもつネットワークを使い，参加者募集が効率的に行われ，初回から想定よりも大規模での開催となった。また，大会運営の面でも協力を仰いだことで，クラブとしては専門分野外であったグラウンド・ゴルフの大会だったが，充実したサポート体制の下で開催された。

　グラウンド・ゴルフ愛好者は 70 代から 80 代の方が多く，60 代でも若手になる。次回の大会運営の参考のために参加者から意見をもらうことがあるが，グラウンド・ゴルフの大会だけでなく，人生において様々な経験をしてきた方からア

撮影者　IGS ユニバーサルスポーツクラブ

ドバイスは，大会運営はもちろんのこと日々のクラブ活動にも通じるものである
ことが多く，クラブスタッフにとって非常に有意義なものとなっている。

　アカチャリカップやグラウンド・ゴルフ大会には，趣旨に賛同する会社が，休
憩時間に開催される自由参加イベントや抽選会などの賞品として協賛品を提供
しており，大会をより一層楽しませている。協賛社は自社の製品の PR はもちろ
んだが，なにより地域に生きる企業として地域や地域の人たちに貢献することに
賛同して協賛している。その意味ではスポーツは企業の社会貢献活動を促進する
という点でも有益であると考えられ，今後のクラブの展開として重要な視点とな
る。

第 5 節　クラブの課題と展望

　ここまで，クラブの具体的な事例紹介をしてきたが，最後にクラブが抱える課

撮影者　IGS ユニバーサルスポーツクラブ

題を挙げてまとめとする。

　まず，運営資金の獲得が挙げられる。これは多くの地域スポーツクラブに見られる課題だが，IGS ユニバーサルスポーツクラブも例外ではない。現在は事務局やコーチ等の人件費，各活動に係る経費など，クラブ運営に係る費用は，クラブ活動の会費収入やイベントによる事業収入等ではまかないきれない。クラブの運営法人が行っているクラブ以外の事業収入を充てることで，クラブ運営を成り立たせている。法人全体としては今のところそれでも問題はないが，安定経営を考える上ではクラブ運営にかかる費用はクラブの収入だけでまわせるようにすることが一つの目標となる。特に重要となるのが定期的なクラブ活動による会費収入である。最も大きな収入源であると同時に，年間を通じて定期的な売上として計算ができるため，会費収入の安定が資金繰りの面でも非常に重要となる。現在のクラブ活動の会員増に注力し，収入の柱として計算できる程度まで育てること

ができればクラブの次の段階にステップアップできるが，逆に会費収入が傾けば，クラブ自体が傾くことになりかねない。

　次いで課題となるのが人材の確保と育成である。クラブ運営には指導，企画，営業，経理ほか様々な仕事があるが，現状は一人で何役もこなさざるを得ず，一人にかかる負担が大きくなっており不測の事態が起こった際のリスクが非常に大きい。そのため，クラブの中心となる専属のスタッフと必要に応じてサポートができるスタッフの確保および育成が必要となる。ボランティアスタッフの協力はクラブにとって欠かすことができないが，給与あるいは謝金として最低限の報酬を支払うことで責任をもってクラブに関わる人材がなければ，継続的なクラブ運営は困難を極める。そのためにも上述の通り十分な収益をあげられる体制が急務である。ただし，金銭面での問題が解決すればすぐに人材確保についても問題が解決するわけではない。クラブに携わる人材には，クラブ理念を具体的な活動を通して提供していかなければならない。そのためには，クラブ理念に共感する人を見つけること，そして，実際の活動に落とし込むためのクラブ内の風土や制度を整える必要がある。特に理念への共感は本人の感性による部分が大きいため，無理に理解させようとしても簡単にはいかない。反対に，理念への共感があれば，実際の活動への落とし込みは後からでも十分に対処できる。それだけに，理念に共感する人材の確保はクラブにとっては大きな財産となるため，日頃から人材の情報を集め，迎え入れたい人材と出会ったときに迎え入れられる体制づくりをしておくことが肝要である。

　もう一つの課題には，ネットワークの構築が挙げられる。情報収集と情報発信の重要性は取り上げるまでもないが，やみくもに情報を出し入れしていても成果は得られにくい。必要なのは，欲しい情報を仕入れられるネットワーク，情報を届けたい対象に届けられるネットワーク，情報と情報をつなぐネットワークである。例えば，第4節で赤い羽根共同募金運動のためのイベントを紹介したが，このほかにも失敗に終わったり，定着せずに終わったりしたものもある。要因はいくつか考えられるが，募金運動とスポーツのそれぞれの視点から見た現状の問題・課題が適切にとらえられ，提供する事業のニーズがあるところへ適切な情報

が届いたかどうかによって大きく左右される。その点で，チャリティ・グラウンド・ゴルフ大会はクラブだけでなく協力団体のネットワークを活用することができているため一定の成果が残せているが，アカチャリカップはまだ情報発信を独自のネットワークに頼っているため，他団体のネットワークの活用も視野に入れた展開が今後の課題である。

　以上，運営資金の獲得，人材の確保・育成，ネットワークの構築という三つの課題を挙げたが，これらはそれぞれが独立した課題ではなく，すべて密接に連動している。資金がなければ人材の確保ができず，人材がいなければ運営資金の獲得のための仕掛けが難しい。人材が育たなければネットワークが広く構築されづらく，ネットワークが充実していなければ運営資金の獲得や人材の確保も効率的に行うことができない。多くの課題を抱えながら，安定したクラブ運営ができるようになるまでは限られた人材で運営していく必要がある。そのため，一人ひとりにかかる負担は必然的に大きくなる。いずれの課題も簡単に解決するものではないが，それだけに既存のクラブスタッフが覚悟と責任を持ってクラブに携わることがクラブ発展の鍵となる。

参考 URL

IGS ユニバーサルスポーツクラブホームページ　https://igspo.jimdo.com/
　（最終アクセス 2018 年 1 月 2 日）

第 4 章　スポーツ用品販売・レンタル事業の現状と課題—合同会社 SSC の取り組み事例から—

第 1 節　合同会社設立の経緯

　筆者は岐阜経済大学経営学部で 4 年間スポーツ経営学を学び，その知識を活かして，2014 年岐阜大学大学院進学と同時に S&S コミュニケーションズ（以下，S&S）という名のスポーツ教室事業を立ち上げた。名古屋市西区に賃貸倉庫を借り，施設全面に人工芝と防球ネットを張って，スポーツ教室や野球教室を行える環境を整えた。また，施設にはピッチングマシンを 3 台設置し，その施設をレンタル（時間制）できるサービスを開始した。その当時にピッチングマシンを購入したが，中古のピッチングマシンでも 1 台当たり 30 万ほど費用がかかった。ピッチングマシン＝高いという強く印象に残り，もっと安いピッチングマシンはないのかと探し始めたことが，今回紹介するピッチングマシン販売・レンタル事業をスタートとなるきっかけとなった。

　また，筆者は大学 2 年生の秋頃から現在まで毎週末，愛知県北名古屋市の学童野球チームで指導を行なっている。現在の学童野球チームでは練習時間の制限や短時間での練習を推奨されることが多く，短い時間でより効果的な練習をすることが求められる。また，選手の在籍数が多いチームでは一人当たりの練習量を確保するためには，練習方法を工夫する必要がある。現在，指導しているチームでも各カテゴリーで 20 名近くの選手が一同に練習するため，上記のような課題があり，その問題の解決方法として，ボールを安定して供給できるピッチングマシンを導入することを検討していたことも事業開始のきっかけになった。

　2015 年，ピッチングマシンを販売している株式会社オーブ（以下，オーブ社）と現在のメイン商品である PMW（175,000 円税別）というピッチングマシンを発見した。通常のピッチングマシンはその多くがコンセントから電気を引いてくる必要があるため，河川敷などのコンセントを使用できない環境では発電機が必要になる。しかし，オーブ社のピッチングマシンは自動車用の 12V バッテリーを使用し，電源のない場所でも簡単に使用が可能である。また，本体は 20kg 弱とい

うこともあり，移動はラクラク，コンパクトカーにも載せることが可能となっている。このような特徴を見た時に，現在指導しているチームにピッタリのピッチングマシンであると感じたと同時に，全国に約 12,000 存在する学童野球チームに対しても最適なピッチングマシンであると考えた。オーブ社のピッチングマシンの販売や期間を区切ったレンタルサービスの需要を感じ，合同会社を設立した後，2016 年 11 月に代理店契約を結んだ。

図表 4-1 PMW 規格

商品形番	P・M・W
外形サイズ	650×450×1185mm
重量	28kg
動力	12Vモーター　2機
定格電力	12V
スピード調整	ボリューム可変式
付属品	バッテリー・バッテリーアダプター
オプション品	高さ変更可能・電源100V変更可能

筆者作成

第 2 節　販売とレンタルサービスについて

　当社の扱うピッチングマシンとオプション品について紹介していく。当社が取り扱うピッチングマシン PMW は軟式球と硬式球のどちらかを注文時に選択して頂く形になっている。軟式球であれば，A〜C 号のどの大きさでも同じ仕様で使用可能。硬式球はリトル用，シニア用（一般）の 2 種類で対応している。軟式球は MAX110 キロ，硬式球では MAX130 キロ。電源ボタンとダイヤル 2 つで誰でも簡単にスピードを設定可能となっている。また，マシン本体の角度，ローラーの回転数を調整することによって，変化球を再現することが可能。右投手のカー

ブ，スライダーはもちろん，左投手のカーブ，スライダーも投げることができる。また，角度を大きく変えることでフライ練習やゴロ練習にも使用することが可能。ピッチングマシンを使用することで，常に同じ場所，強さの打球を再現することができる。熟練のノッカーでないと難しい技術を誰でも簡単に手に入れられる。

　次はオプション品について。現在，4つの商品を販売している。まず一つ目がロング三脚。標準装備では，地上100cmからボールが発射される。中学生・高校生では身長も高く，マウンドがあるため実戦よりも少し低くなってしまう。よって，ロング三脚（約150cm）を準備し，希望する方のみに販売している。

　二つ目は100V変換アダプター。この変換アダプターを使用することで，コンセントから直接電源を引くことが可能。バッテリーは最長3時間使用だが，変換アダプターを使用すれば，止まることなく半永続的にピッチングマシンを稼働させることができる。PMWの大きな特徴は電源を必要としないバッテリー仕様であるが，バッテリーも消耗品のため，いずれ故障する可能性がある。バッテリーへの負担軽減としてもコンセントから電気を引ける場合は購入を提案している。

　三つめはピッチングマシン保護用防球ネット（以下，防球ネット）。ピッチングマシンに打球が当たってしまうと破損や故障の原因になる。ボールを入れる人（選手や保護者）の安全を守るためにも必要不可欠な備品であるため，リスクマネジメントとして購入を検討してもらっている。特に硬式仕様を選択された購入者には同時に防球ネットも推奨している。大きさは縦200cm×横200cm×奥行80cm。フレーム1.2mm，ネットより数45本で硬式対応になっている。ネットをダブルネット式にして，フレームを組み立てた後に，上から被せるだけのタイプをメーカーに依頼し，作成してもらった。地上20cmから165cmまでボールを通過できる穴を開けてあるため，ショート三脚（標準装備），ロング三脚のどちらも使用できる。2枚の付属ネットを使って，ボールが発射される高さだけを開けられるようになっている。他社メーカーの一般的な防球ネットは4〜5万円程度するが，当社の扱うネットは29,800円（税込）に抑えることができた。ピッチングマシンと同様に，必要不可欠な備品を格安で提供している。

図表 4–2　ピッチンマシン専用防球ネット（広告実例）

**ピッチングマシン専用防球ネット
2m×2m　硬式対応！！**

ダブルネット式！
フレーム組み立て後、
上から被せるだけ！
組み立て約３分！
移動もラクラク！！

筆者作成

　四つ目はボール（軟式練習球）。PMW と相性が良く，格安の練習球を当社からも販売している。1 ダースは約 3,000 円。通常の試合球は 1 ダース約 5,000 円であるため，一定数のボールを求める購入者に提案している。バッティングセンーなどで使用されているマシン専用球も市販されているが，ボールの重量が重く，バットが悪くなったり，変形してしまう可能性がある。当社の扱う練習球は試合球の縫い目の高さ，角度・形状を徹底的に追求し，「ブレ」のない機械貼りで製造が行われている。安定したボールを配給できるため，ピッチングマシン購入時に複数ダースご注文して頂くケースが多い。

　次に当社で行なっているピッチングマシンのレンタルサービスについて紹介する。自身の子どもが小学生の間だけピッチングマシンを使用したい方や，合宿など短期で集中的にバッティング練習をしたい方，中学校進学に向けて変化球を打つ練習をしたい方，普段使っているマシンが修理中の方，マシンを購入する前に試してみたい方などが本サービスを利用している。レンタルサービスは様々なリスクも伴うことから対象（軟式学童野球チームのみ）や地域（関東，東海，近畿地区 etc.）を限定してサービスを展開している。様々な要望に対応するため，複数のレンタル期間を用意した。大きく分けると契約の種類は，年間契約と短期

図表 4-3 軟式練習球（広告実例）

筆者作成

契約の二つに分類される。年間契約は一年以上，短期契約は一年未満の1ヶ月単位で契約を行なっている。

年間契約は1年と2年を用意。1年の場合は15,000円/月（税込），2年の場合は10,000円/月（税込）である。年間契約の場合は保証金（2ヶ月分）を契約時に前納する形になっている。納入費用は送料込みで一律10,000円（税込）。6ヶ月分を一括で前納するとお得なプランも用意している。どちらも購入した方が最終的な金額は安い設定になっているが，故障のリスク等は全て所有者である当社の負担になるので，リスクを減らした上でピッチングマシンを利用することが可能である。ちなみに年間契約終了後，同じピッチングマシンを再度契約する際は，割引を行なっている。

短期契約は初月29,800円（税込），2ヶ月目以降は毎月20,000円（税込）となっている。納入費用や保証金は不要とし，送料は双方負担としている。6ヶ月プランで12,9800円（税込）となり，購入するよりも得になる。1ヶ月より短い期間をご希望される場合でも1ヶ月契約として対応している。1週間ほどの合宿やテレビ番組等の企画で使用したいというお問い合わせが多い。

短期レンタル：料金表

契約月	1ヶ月	2ヶ月	3ヶ月	6ヶ月（半年）
料金	29,800円（税込み）	49,800円（税込み）	69,800円（税込み）	129,800円（税込み）

3〜6ヶ月プランがオススメ！購入より断然お得！！

筆者作成

　最後は広告について。当社の広告方法は大きく分けて 2 つある。まずは Web を使ったネット広告。有料の HP テンプレートを用いて，当社 HP を開設した。HP ページは全 10 ページで構成している。①トップページ，②マシン紹介，③販売について，④レンタルについて，⑤短期レンタルについて（1 ヶ月〜），⑥導入事例，⑦導入チーム一覧，⑧防球ネット紹介，⑨会社情報，⑩お問い合わせ，以上の 10 ページ。Web での検索順位を上げるために，検索キーワードを意識して HP 作りを行なっている。HP の紹介文は以下の通りである。太文字は検索キーワードを意識して入れたキーワードである。

　『**ピッチングマシン**は高いイメージはございませんか？ならばと，**中古**を探しても 30 万円以下の価格のバッティングマシンは殆ど見たことがありません。ご紹介する株式会社オーブ社製の**バッティングマシン**は，なんと**新品**で 20 万円以下の値段です。薄利多売・皆様に沢山バッティング練習して貰おうとの想いで作られたマシンです。また，**低価格**なのに大変便利な**バッテリー式**で**変化球**も可能です。**甲子園**常連**高校**さんもご利用頂いています。是非，他社のバッティングマシンや**中古**のマシンと比べてみて下さい。**硬式・軟式**対応しております。』

　以上のように，トップページの紹介文やその他のページでも検索キーワードを

意識して文章を打ち込んでいる。また，⑥導入事例のページでは，ピッチングマシンの使用方法についての紹介動画を掲載している。文章だけでは分かりづらい性能やスピード感が分かるように工夫を凝らした。また，動画を視聴することで，HP の滞在時間も伸びていく。検索順位を上げるための，一つのポイントとして意識している。

　Web 広告は当社 HP 開設だけでなく，Google 社が展開している『Google AdWords』というサービスを使用して HP への誘導も行っている。Google AdWords を利用することで，顧客が検索キーワードを検索エンジンに打ち込んだ際に，ページ上位に広告を表示することが可能となる。その結果，新規の顧客が当社 HP にたどり着く可能性を上げている。表示だけは費用はかからず，顧客がクリックするたびに，費用がかかる仕組みになっている。また，リマーケティング機能を利用することによって，一度 HP に来た顧客に対して，再度広告を表示できるようになる。何度も視覚的に情報を提供することによって，問い合わせなどの具体的な行動を促している。

図表 4−5　Google Adwords 広告（実例）

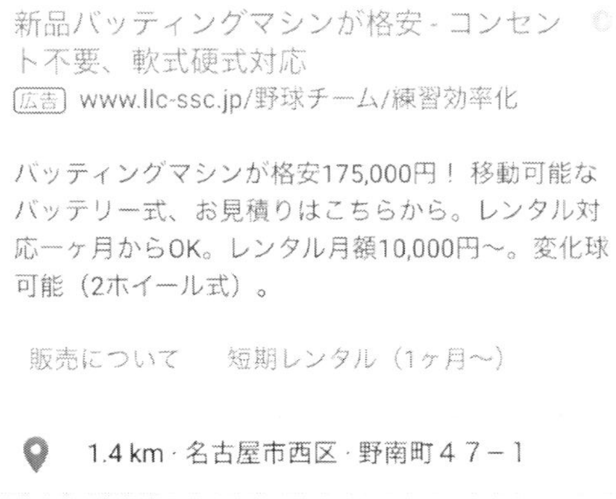

新品バッティングマシンが格安 - コンセント不要、軟式硬式対応
広告 www.llc-ssc.jp/野球チーム/練習効率化

バッティングマシンが格安175,000円！ 移動可能なバッテリー式、お見積りはこちらから。レンタル対応一ヶ月からOK。レンタル月額10,000円〜。変化球可能（2ホイール式）。

販売について　　短期レンタル（1ヶ月〜）

📍　1.4 km · 名古屋市西区 · 野南町４７−１

筆者作成

Web 広告に続く広告手法は，すでに当社からピッチングマシンを導入されているチームからの紹介である。この紹介のサイクルをさらに加速させるために，全国的に広告力（影響力）が高いと思われるチームにモニター価格でピッチングマシン導入を行っている。モニター導入をして頂いたチームには積極的に HP や SNS でピッチングマシンを活用している様子を掲載して頂いている。また，モニターチームから紹介で当社に連絡があったチームには，ピッチングマシン保護用簡易式防球ネットや練習球をサービス品として送るなどのサービスを行っている。現在，総販売台数約 100 台のうちモニターチームは 15 台前後，モニターチームからの紹介で販売したのは約 40 台となっている。

第3節　分析

第1節で本事業を始めるキッカケについて，第2節では当社が行なっている事業の紹介をした。第3節では，ピッチングマシン業界全体から見た当社の立ち位置や経営戦略に基づいた分析を行っていく。

これまで「ピッチングマシン」という商品の顧客（市場）は中学硬式チーム（クラブチーム）や高校野球部，大学野球部，社会人チーム，プロ球団といった比較的規模が大きな団体である。よって，大手スポーツ用品メーカーが作るピッチングマシンは時速 160 kmのボールが発射できるようなマシンやボタン一つでストレートの球速や変化球を自在に選択できるような高性能マシンに特化してきた。つまり，一番母数の多い学童野球チームには必要のない性能が多く，学童野球チームはピッチングマシン業界において「非顧客」であった。

Kim & Mauborgne 著『ブルー・オーシャン戦略』の中では，非顧客は大きく分けて 3 つに分類される。一つ目は「消極的買い手」。このグループはその業界が提供する製品やサービスをできるだけ回避し，代替品で済ませようとする。彼らを顧客に取り込むにはなぜ代替品や代替サービスに逃げるのかその理由を明確にしなければならない。二つ目は「利用しないと決めた買い手」。なぜ利用しないのか，その理由を探り，障害を取り除くことで，新たな買い手として囲い込むことが可能となる。三つ目は「市場から距離を置く買い手」。彼らにある潜在的

な需要に着目するように努める必要がある。それぞれの非顧客層を見るときに，重要なことは「相違点よりも共通点に目を向ける」であると著者である Kim & Mauborgne は言う。共通点を巧みに捉え，ニーズにマッチする製品やサービスを提供できれば，市場の境界を大きく引き直せる可能性が高まる（Kim & Mauborgne, 2005）。

　ピッチングマシン業界において，これまで非顧客だった学童野球チームには「低価格」で「性能・利便性の高いピッチングマシン」が求められていた。中古のピッチングマシンよりも安く，河川敷や小学校のグランドなどの電源のない場所でも使用できる PMW は，現在のピッチングマシン業界において「市場を再定義」をしたと言えるだろう。

　また，PMW はブルー・オーシャン戦略の「4 つのアクション」（Kim & Mauborgne, 2005）を巧み使用している。この 4 つのアクションは製品やサービスの「差別化」と「低コスト化」の双方を実現するための支援ツールである。仕組みは簡単で，既存の製品・サービスから①Eliminate—取り除く②Reduce—減らす③Raise—増やす④Create—付け加える，以上の 4 点である。買い手にとっての不要な要素を取り除き，減らしていくことで，製品・サービスの「低コスト化」を実現することが可能となる。そして，増やす，付け加えるという要素を大幅に実行することで，特定要素を強調でき，業界の中で差別化を図ることができる。以上の 4 つの観点から PMW を考えると，MAX 球速（硬式 130 ㎞，軟式 110 ㎞）を他のピッチングマシンよりも抑え，制球力を向上させている。また，軽量化に成功し，持ち運びを容易にしているという点は他社のピッチングマシンにはない特徴である。また，コンセント（電源）を取り除き，バッテリー式に変更するなどのアクションを行い，差別化と低コスト化を実現した。

　ただし，PMW の販売代理店は当社だけではない。野球を中心としたスポーツ用品のネット販売を行う大手ネット販売業者でも PMW は販売しており，レッド・オーシャン（競争が激しい市場）での戦いになる。しかし，メーカー曰くその経路から PMW が導入されることはほとんどなく，当社が代理店として最も多くのピッチングマシンを販売している。当社の強みは販売台数の数（実績）と現

場との繋がりの深さにあると考える。筆者自身が PMW を見つけ，購入するとき
に感じたように，多くの購入を検討される方は「本当に大丈夫か？」という疑問
を持つ。この疑問に対して，製造側でない代理店の当社がしっかりと説明をする
ことやモニターチーム様の「声」を間接的に届けることで納得してピッチングマ
シンの導入を決めて頂いている。

　また，PMW のレンタルサービスを行っている企業は他にはない。この仕組み
はレンタカーの仕組みを模倣している。1 台のピッチングマシンをお客様に貸し，
仕入れの金額まで代金を受け取れば，そこからの料金は全て利益になっていく。
中古のピッチングマシンを運用することで，単純に販売するよりも大きな利益を
生み出している。ピッチングマシンは自動車でいう車検のように大きな金額がか
かるメンテナンスは必要ない。つまり一度，仕入れを行えば，運用資金はさほど
かからないということである。当社としてはどれだけの在庫を持つかがポイント
になってくるが，将来性は販売よりも高いと考えている。

　次は PMW と当社の弱みについて検討していく。まず PMW の弱みについてで
あるが，導入チームからの声を元に考えていくと大きく分けて 3 つに分けられる。
①ハード面が弱い，②タイミングが取りづらい，③軟式球と硬式球を併用できな
い，以上の 3 点である。①PMW のハード（外側）は持ち運びを考えて，できる
だけ軽量に製造してある。結果，ピッチングマシン本体は約 20 kg弱で，大人一
人でも持ち運びが可能となっているが，外面がプラスチックのため，打球の衝撃
に耐えられないケースが発生している。防球ネットを置いたとしても発射口の部
分については守ることができないため，今後改善することが必要ではないかとメー
カーとも話し合いをしている。②タイミングについて，発射口が短いため，ボー
ルを入れてからすぐに発射してしまう。緩い球であれば，問題ないが，速い球
だとタイミングが取れず差し込まれてしまう。この状態では練習に支障が出るた
め，メーカーが発射口を伸ばすことを検討している。しかし，安易に伸ばすと持
ち運びの邪魔になる。当社としてはオプション品（取り外し式）として販売する
ことで解決していこうと考えている。③軟式と硬式の併用については，家庭用と
して購入する個人の方から要望を頂くことがある。基本は硬式を打ちたいけれど

も，時間によっては音が気になるため，軟式に変更したいという声があった。硬式仕様の状態で軟式を使用（安定したボール供給）できるか, 現在調査中である。

　次に，当社としての弱みについて。これは単純に一台当たりの利益（粗利）が少ないことが挙げられる。具体的な数字は控えるが，一般的なスポーツ用品と同じパーセンテージで仕入れをしている。メーカーも含めて，一台当たりの利益が少ないことが弱みと言えるだろう。また，ピッチングマシンというのは生活必需品ではない。いわば贅沢品であるため「なくても生きていける」。このような贅沢品を売る企業は, いずれ頭打ちになる可能性があることも考えていかなければならない。

第4節　使用チームの実績

　●多賀少年野球クラブ（滋賀県）5 台　全日本学童軟式野球大会マクドナルド・トーナメント出場11回（準優勝2回, 3位1回），全国スポーツ少年団軟式野球交流大会出場3回（2016年優勝，準優勝2回）2011年国際イタリア大会優勝

　●北名古屋ドリームス（愛知県）3台　全日本学童軟式野球大会マクドナルド・トーナメント出場1回, 全国スポーツ少年団軟式野球交流大会出場2回（敢闘賞1回）

　●新家スターズ（大阪府）2 台　全日本学童軟式野球大会マクドナルド・トーナメント出場 1 回, 全国スポーツ少年団軟式野球交流大会出場1回（2015 年優勝）

　●茎崎ファイターズ（茨城県）全日本学童軟式野球大会マクドナルド・トーナメント出場6回（3位3回）

　●東 16 丁目フリッパーズ（北海道）全日本学童軟式野球大会マクドナルド・トーナメント出場5回（2017年優勝）

　●中条ブルーインパルス（石川県）全日本学童軟式野球大会マクドナルド・トーナメント出場2回

　●堀川ブルージェイズ（富山県）全日本学童軟式野球大会マクドナルド・トー

ナメント出場 3 回

　●里庄町少年野球クラブ（岡山県）全日本学童軟式野球大会マクドナルド・トーナメント出場 2 回

　●東風平星（沖縄県）全日本学童軟式野球大会マクドナルド・トーナメント出場 1 回 2018 年 1 月　通算 100 台販売達成

第 5 節　　学童野球界の今後について

　近年，「野球離れ」の深刻化はすでに多くの書籍や雑誌，メディアで取り上げられている。野球人口が確実に進行している中で，学童野球チームや野球チーム・個人を対象に商売をする当社は野球人口の減少が確実に進行している中で，戦っていかなければならない。本節では，なぜ野球から子ども達や大人が離れてしまうのか分析することで，学童野球チームや当社がどのような視点を持って活動すべきかを探っていく。

　まずはっきりさせておきたいのは，「野球人口減少」は少子化だけが原因ではない。日本の子ども人口は 35 年連続で減少しているが，野球人口は人口減少を遥かに凌ぐスピードで減少している。2010 年から 2016 年の子ども（0 歳〜14 歳）の減少率は約 10%であるが，一方の野球人口は 30%以上も減少している。少子化だけでは急激な野球離れは説明できないことが分かる。ちなみに全日本軟式野球連盟が公表しているチーム数の推移を見ると，2010 年以降の右肩下がりが顕著である。2011 年からは史上ワースト記録を更新し続けている。2013 年からは毎年 600 チーム減少という現状がある。最近 7 年間で約 2000 チーム（約 15%），1 チームあたりの選手を 10 人として計算すると，約 2 万人の学童野球選手がいなくなっているという危機的状況である。

　では，一体なぜ野球人口が減少していくのか，その要因を考えていく。まず一つめの要因としては「親の負担」が考えられる。近年の家庭環境は核家族が増え，両親が働く（共働き）ケースが多い。学童野球では，選手のみで移動することは現実的に難しく，保護者が協力して車出しを行うチームや試合の遠征を含めて送迎を全て自力で行わなければならないチームがある（名古屋市は後者のケースが

多い）。また，チームによっては様々な「当番」を設けているケースもあるという。審判やスコアラー，監督・コーチ達へのお茶出しなどを分担し，保護者の力を借りてチームを運営している。土日も仕事（平日休み）の保護者の方もいることを考えると，安易に野球を選択できないだろう。そして，「野球にはお金がかかる」という要素も無視できない。グローブ（軟式用）は約1万円，スパイクは約5千円，バットは最新のモデルを購入すると約3〜4万円である。初心者でいきなりこれだけの費用がかかるわけではないが，現場では実際に高価な野球道具が使用されている。

　この「親の負担」について現場の指導者としての考えを述べると，「当番制」についてはナンセンスだと考えている。選手が20名いれば，約40名の保護者がいて，その40名の働き方や家族構成などの環境は全く違うはずである。よって，均等に「当番」にすることは現代において，ほぼ不可能である。しかし，間違いなく言えるのは，監督・コーチだけではチーム運営は成り立たないということ。対外試合をしようと思えば，移動の車や審判などを準備する必要がある。チームに潤沢な資金があれば，チーム所持のマイクロバスを購入し，選手全員で一斉に移動することや毎試合の審判も地元の連盟（審判団）に外注することもできるが，地域の学童野球チームでそれだけの資金を集めることは難しい。つまり，試合の度に保護者が会場まで選手を送り届け，審判を務める必要がある。結論として，有志が集まらないチームは残念ながら存続することは難しいだろう。生き残るチームは，潤沢な資金を持つチームもしくは学童野球チームの活動に参加できる家庭（仕事）環境があり，かつグランドに来る熱心な保護者が多いチームということになる。これは目をそらすことのできない現実である。

　二つ目に野球人口減少の原因として考えられるのは「スポーツの多様化」である。子ども達の「早期専門化」については多くの専門家から警笛が鳴らされているが，ジュニアアスリートが数多く出現してきた背景には幼い頃から様々なスポーツに触れる機会が増え，その中で気にいった競技に熱中する子どもや保護者が増加したことが考えられる。野球以外にもサッカーやテニス，スケート，水泳，ゴルフ，卓球など多くの選択肢が子どもの目の前にある。野球に触れる前に他の

競技を選択することが野球離れの一つの要因であると考える。そして，幼児教育に力を入れる保護者も増えたことによって，幼稚園も独自の課外教室を開講することも多い。よって，野球に触れる前に他の競技を選択することが野球離れの一つの要因であると考える。特にサッカーは，幼稚園の校庭で行うスポーツとして相性が良く，課外教室に採用されやすい。しかし，野球はルールの複雑さや安全面の不安などから幼児教育に不向きと判断され，導入する幼稚園が少ない。この流れを一変させることは難しいだろうが，今後も地域のスポーツ少年団が中心となり，幼児と保護者が一緒に出場できるティーボールの普及を目指すべきだろう。

　三つ目に，野球離れの要因の一つとして考えられるのは「指導者の高齢化」である。指導者と保護者の年齢が離れることによって，スポーツや教育に関する考え方の違いなどが生まれているケースがあると考えられる。サッカーの指導者が比較的若い指導者が多いイメージであるのに対して，野球は子育てを終えた40〜50代の指導者が多く，厳しすぎるイメージが拭えない。実際に現場で指導をしてさまざまなチームと対外試合を行っても20代の指導者と出会うことは滅多にない。むしろ指導を始めて数年の30代指導者（大半は父兄）と会うと親近感が湧くくらいである。これは野球の指導を「仕事」にすることができないことが大きな理由であると考える。先ほど述べたようにサッカーとは違い，一番母数の多い幼児に野球を教える人材は現状必要とされていないため，野球を真剣に教えたい若者は中学・高校と行った部活指導者へと流れてしまう。その結果，学童野球界における指導者の「世代交代」が進んでいないという現実がある。

　最後は「公園の減少」と「騒音問題」である。現在，公園の多くがボールやバットの使用を禁止している。野球が好きな子ども達が公園で野球を楽しむことができないことに加え，全く野球に触れ合ったことのない子ども達を誘うキッカケも失ったということである。また，都心では騒音の苦情で自宅での練習すらまともにできないという現状もある。子どもはただ純粋に野球を楽しみたいだけであるが，その環境がどんどん失われているという現実が野球離れを加速させている。

　以上のように様々な要因によって，野球離れが年々加速していると考えられる。では，一体どのようなチームが生き残って行くのか，それは「地域の大きさ」に

よって，求められる形が違うと考える。今回は地方都市形と大都市型の2つに分け，代表的なチームを挙げていく。

① 地方都市型/多賀少年野球クラブ（滋賀県）モデル

　多賀少年野球クラブ（以下，多賀）は滋賀県多賀町で活動している少年野球クラブ。地元の子ども達が減少し，小学校1クラスが10名に満たない学年がある小学校も存在している地域である。そのような地域においても，熱心な子どもと保護者が集まり，一学年9名までとした少数先鋭の教育を行なっているチームである。「世界一楽しく，世界一強く」をチームスローガンとしてを掲げ，楽しさと強さを共存させる取り組みを行なっている。監督である辻正人氏が20歳の時に，その当時，学童野球チームのなかった多賀町に自らチームを立ち上げ，それから約30年の歴史が続いている。「小学生の甲子園」と呼ばれる全日本学童軟式野球大会に出場11回，もう一つの全国大会である全国スポーツ少年団軟式野球交流大会に出場3回（優勝1回，準優勝2回）の実績を持つ。学童野球界の頂点に10年以上も君臨し続ける名門チームである。多賀は試合を2面で実施可能なホームグランド（公園）で活動し，そのすぐ横には地域の体育館とプールが併設されている。また，夜間や雨天時には全面人工芝の屋内練習場を使用できる環境が地元多賀町に整っているなど，学童野球界屈指の素晴らしい環境で活動を行なっている。多賀の大きな特徴は基本的にホームグランドから移動することなく，年中活動していることである。ローカル大会（地域限定）には基本的に参加せず，対外試合（練習試合）を出来るだけホームグラウンドで行うことで，移動の負担を減らしている。そうすることによって練習時間も確保でき，より効率の良い活動ができる。もし遠征を行う場合はチーム保有のマイクロバスで移動を行っている。このようなシンプルな運営方針は多くのチームでも見習うべきであろう。ちなみに，2016年4月に当社からピッチングマシン5台を導入し，さらに効率を高めた練習を可能とした。その効果もあり，2016年8月全国スポーツ少年団交流大会で優勝，悲願である全国制覇を達成。PMWが全国で注目されるキッカケとなったチームでもある。決勝戦をノーヒットで優勝したことはできるだけ伏せ

て頂いている（笑）

②　大都市型/長曽根ストロングス（大阪府）モデル

　大都市型を代表するチームは大阪府の長曽根ストロングス（以下，長曽根）である。17 年間で 13 回の全日本学童大会に出場，そのうち全国制覇を達成すること前人未到の 6 回，今も記録を伸ばし続ける全国屈指の強豪チームである。全国大会通算 50 勝以上の熊田耐樹総監督を筆頭に，各クラスの監督は全ての方がコーチとして全国制覇を経験している指導者が担当している。その結果，低学年の頃から質の高い指導を実現している。ホームグランドは堺市近郊で，府内外へのアクセスも良い。ピッチングマシンは 7 台保有し，平日練習も週 2 日実施している。

　長曽根の特筆すべき点は学童野球チームとは思えないほどの広告力である。HP の閲覧は毎日 1,000 人を超えていく。各クラスが大阪府内外の大会に数多く参加し，常に上位進出していくことから大会に参加しているチームなどが戦績などをチェックしていると考えられる。また，HP では戦績だけでなく，卒団生の動向や監督のブログなどが掲載されており，更新の頻度が非常に高い。また，チームの Facebook も試合を行うことに更新され，選手の活躍する姿や勝利に喜ぶ姿などを写真として公開している。以上のように，選手が育つ環境を用意し，実績ある指導者が技術と考え方を注入することで日本一レベルの高い野球王国大阪府のみならず日本中のトップを常に走り続けている。そして，その情報を様々な方法で拡散させ，その環境を求めて志高い親子が低学年の頃から数多く入部してくるという流れを作っている。

　多賀少年野球クラブと長曽根ストロングスの両チームに共通して考えられるキーワードは「魅力」と「仕組み」である。まず，両チームは「選手が育つ・勝つ」という魅力を極限にまで引き上げている。チームの戦績・実績はもちろん，両チームともチーム出身のプロ野球選手や甲子園に出場する OB を 10 人以上も輩出している。チームスタッフの指導力は折り紙つきであり，さらにグランドやピッチングマシンといった道具を整え，トータルでいう「環境」を整備している。

そして，その魅力を Facebook や HP で拡散させる「仕組み」を作り，地域に情報を発信している。都市の大きさによって，多少方法は異なってくるかもしれないが，学童野球チームが今後生き残っていくためには，この二つの要素は不可欠ではないかと考える。

　最後に，ピッチングマシン業界への影響と当社の方針について考えていく。一般的にピッチングマシンは中学・高校以上のチームに導入されることが多いが，当社の扱う PMW は学童野球チームが顧客になることが圧倒的に多いため，野球人口減少やチーム減少は死活問題である。会社の今後を考えると，販売チャンネル（新商品）を増やし，中学以上を対象としたマシン販売を行うことも検討しなければならない。他にも当社の広告塔となるチームを運営することも一つの選択肢として面白いだろう。特に中学生のクラブチームの月謝平均は 1 万円ほどであるため，「魅力」と「仕組み」を整え，選手の人数を確保できれば活動の範囲が広くなる。野球選手としての教育はもちろん，塾などの施設を併設し，学習の指導もトータルで行うことや将来指導者になりたい大学生の受け皿として活動することで，人材教育のサイクルを作ることも可能ではないかと考える。

　ピッチングマシンは今後の野球界にとって必要不可欠な備品である。学童野球チームでも「1 チームに 1 台所持することが当たり前の時代」に今後益々進展していくだろう。当社としてこの流れをさらに加速させる努力を続けていく必要がある。中小企業省のデータでは 1980〜2009 年に起業された企業は 10 年後には約3 割の企業が，20 年後には約 5 割の企業が撤退している。厳しい競争社会の中で，優雅に「ブルー・オーシャン」を泳ぐ企業であるために，常に世の中のニーズを捉えるアンテナを張り続けていく。

参考文献
広尾晃（2016）『野球崩壊—深刻化する「野球離れ」を食い止めろ！—』イースト・プレス
株式会社日本総合研究所経営戦略研究会（2008）『経営戦略の基本』日本実業出版社
Kim, C. W. & Mauborgne, R.（2005）,*Brue Ocean Strategy : How to Create Uncontested*

Market Space and Make the Competition Irreverent, Harvard Business School Press.
（有賀裕子訳『ブルー・オーシャン戦略―競争のない世界を創造する―』ランダムハウス講談社，2005 年）

大野貴司（2010）『スポーツ経営学入門―理論とケース―』三恵社

参考 URL

中小企業省公式 HP　http://www.chusho.meti.go.jp/（最終アクセス 2017 年 12 月 30 日）

公益財団法人日本体育協会日本スポーツ少年団公式 HP
　http://www.japan-sports.or.jp/club/tabid/66/Default.aspx（最終アクセス 2017 年 12 月 30 日）

文部科学省公式 HP　http://www.mext.go.jp（最終アクセス 2017 年 12 月 30 日）

全日本軟式野球連盟公式 HP　http://jsbb.or.jp（最終アクセス 2017 年 12 月 30 日）

第5章　指定管理による公共スポーツ施設経営の現状と課題
―三重県の総合型地域スポーツクラブの事例から―

第1節　スポーツ環境の転換と本章の課題

　1995 年 わが国のスポーツ環境は大きな転換を迎えることになった。「学校」と「企業」によって支えられてきた日本のスポーツ環境に「地域」が加わることになった。これまでの「学校体育」と「企業スポーツ」を中心とした，わが国のスポーツ環境から地域において住民が主体的に参画するというスポーツ環境への転換を目指したスポーツ振興基本計画の一つとして，2010 年までに全国の各市区町村において少なくともひとつは総合型地域スポーツクラブ（以下「総合型クラブ」と表記）を育成という目標を掲げ，2016 年 8 月現在，全国 1,741 の市区町村中，創設準備中の 197 クラブも含めると 1,407 の市区町村で総合型クラブが創設され，全国で 3,582 の総合型クラブが育成されている（スポーツ庁 平成 28 年度総合型地域スポーツクラブ育成状況）。このように多くの総合型クラブが育成されているが，今後の総合型クラブの展開は，行政主導で設立されながらも住民主導の運営に移り変わることが期待されており，少子高齢化の現在，総合型クラブはスポーツ経営体としての活動が求められている。自立した活動を展開するためには，「ヒト・モノ・カネ・情報」と専門的なノウハウとクラブ運営に多くの時間を費やすことが必要となるが，総合型クラブを発足したものの，行政と住民との間に生じている総合型クラブに対する認識，意識の差や経営体としての問題で活動休止や自然消滅するクラブが増加している。

　総合型クラブとは地域住民が主体となって運営するスポーツクラブのことで，複数の種目が用意されていて，子どもから高齢者，初心者からトップレベルまで，それぞれの年齢・興味・関心・技術レベルに応じてスポーツする環境を有していることが望まれているが，現状では厳しい状況にある。山口（2006）は，総合型クラブの阻害要因として，「指導者・スタッフの確保」，「スポーツ団体との連携・協力」，「受益者負担意識」，「補助金頼りの助成金の脆弱さ」，「自主財源率の低さ」などをあげているが，わが国のスポーツの発展経緯からスポーツサ

ービスは無料又は廉価で行政から提供されるものであるという意識を持っている人が多く，総合型クラブが会員である地域住民の会費や自主事業により維持・運営されるものであるという基本意識が不足している。

図表5-1からもわかるように，予算規模が100万円以下の総合型クラブが31.6%と主財源に乏しい状況にある。今後の総合型クラブの展開は，2011年のスポーツ基本法の制定を受けて，2012年，新たに策定されたスポーツ基本計画においても，総合型クラブに関して，「国は総合型クラブを含む地域スポーツクラブの財源拡充のため（中略）公共の施設の指定管理者となることによりその収入を運営財源にするための取組等の優良事例を収集・検討し，地方公共団体や各地域スポーツクラブに対して普及・啓発を図る」と記述された。

図表 5-1　全国総合型クラブの予算規模（総額）

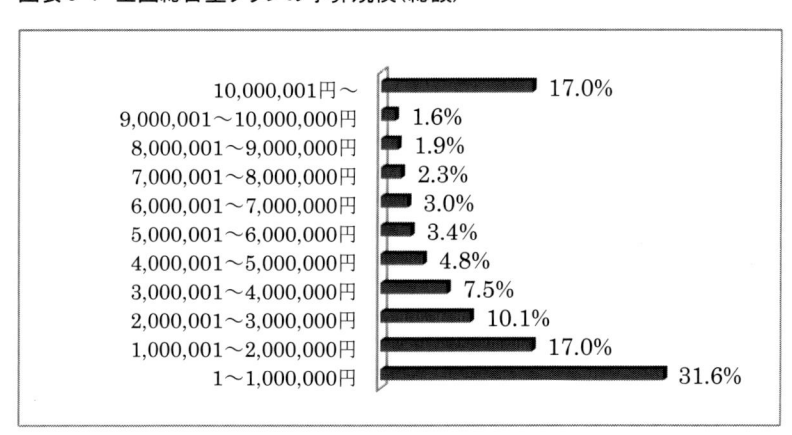

出典：スポーツ庁（2016）総合型クラブに関する実態調査結果概要

このように，主財源が乏しい総合型クラブにあって，活動拠点，指定管理料，利用料金収入が確保され，財源拡充が可能になるにもかかわらず，全国において，総合型クラブの指定管理者は6%にも満たず，筆者が実施した「三重県総合型クラブ調査」（黒川，2014）(1) において，指定管理者への公募については，70%のクラブが，「今後も公募は考えていない」と回答しており，総合型クラブが指

定管理者制度導入に積極的でないことから，総合型クラブと指定管理者制度の関係性が強調されてないことが考えられる。国は総合型クラブと指定管理者制度の関係性を強調することで，総合型クラブの基盤を確立させようとしているが，クラブの現状は，その流れと逆行していると言っても過言ではない。今後の総合型クラブは助成金に頼らない自立運営に焦点が絞られており，必然的に事業性重視のクラブ運営が求められているが，それについていけない総合型クラブが多くあることを見逃してはならない。また，総合型クラブ育成事業の展開は，住民追従型であった従来の行政主導から脱却し，住民主導のスポーツによるコミュニティ形成といった行政と住民の関係を構築しようとする社会的営みを創出する契機になったものの，地域スポーツの状況は，行政主導から住民主導への方向転換を遂げるには程遠い。

　本章では，総合型クラブの現状と指定管理者制度の関係性についての基礎的資料を提供することである。具体的には，筆者の勤務先で，指定管理者である総合型クラブの運営と公共スポーツ施設経営の現状から総合型クラブの持続可能なあり方について明らかにしたい。

第2節　スポーツによる地域コミュニティの形成

　地域には老若男女，職業，趣味，考え方も様々な人が交流できることがスポーツの魅力であり，交流によって地域の活力というものは生まれてくる。今後のスポーツ振興を考えた場合，多種目，多世代，多志向という特徴の中で子どもから高齢者まで同じように楽しめる世代間交流を推進するイベントを提案することが重要となってくる。日本ではじめて「コミュニティスポーツ」と呼称されるようになったのは，1973年に経済企画庁が発表した「経済社会基本計画」が余暇充実の一つの手段として「コミュニティスポーツの振興」を掲げてからである。わが国の技術革新，高度経済成長により物質と情報の量，余暇時間，物心両面における選択の幅は増大したが，個性の喪失や人間疎外，世代間交流の断絶，地域内連帯感の減退，公害などを生んだ。これらの対処について生涯教育の必要性が説かれ，スポーツは地域の再編成や人間性の回復といった機能を持つものとして

位置づけられ，コミュニティ形成に必要な活動として期待されていた。高度経済成長を遂げて生活は豊かになったが，逆にその影響から生じてくる課題も多い。

　スポーツ振興法（第2条）によると，「スポーツとは，運動競技及び身体運動（キャンプその他の野外活動を含む）であって，心身の健全な発達を図るためにされるものをいう」としており，スポーツから生まれる共通の目的や関心をもつコミュニティに対置される集団であるアソシエーションが，地域コミュニティに発展することに対する期待が，1970年代に提起されたことは重要な点である。人々は共にスポーツで汗を流し，スポーツの合間に様々な話をすることで，人と人との結びつきは強くなり，スポーツをするということで集まっていたアソシエーションはやがて拡大していき，ついには，生活の一部までをも巻き込んでいく。

　アソシエーションは，スポーツをするという目的を越え，人間関係の輪を広げていく。このアソシエーションは周りをも巻き込み，地域全体に広がっていく。このような輪の広がりこそが地域コミュニティの形成要因となる。また，スポーツする頻度が高い人ほど地域活動への参加も多くなるという調査結果（2007年博報堂が全国24都市において行った調査）があり，スポーツする頻度を4段階で示し，どれに該当するかを聞いたうえ，「地域の祭・祭事」，「地域住民との交流や付き合い」，「地域の環境保全活動」，「地域の教育，子どもの健全育成」，「地域のまちづくり推進」についての参加率・参加意向を調べたところ，全ての項目について，スポーツする頻度に連動して高くなり，スポーツを通じて地域力が向上し，豊かな地域が形成されることを示している。

　総合型クラブとは，スポーツの得意・不得意，性差や年齢などにかかわりなく，地域の誰もが，継続的にスポーツに親しむことが可能な環境づくりを目指し，種目を超えた協同の体系（多種目），世代を超えた人的交流（多世代），スポーツ参加目的の多様性（多志向）をもたらす。また，スポーツは万人の文化であり，国民一人一人が豊かな生活を営むため老若男女，障がい者を問わず，生きがいづくり，健康づくり，青少年の健全育成，コミュニティづくりのために必要である。それはクラブの規模でもなく，その方法もクラブによって千差万別である。それぞれの地域の実状に応じた公共性を有する地域スポーツクラブづくりの過程，あ

るいは，その結果として，多種目，多世代，多志向という特徴が，よりよく実現されるものと考え，クラブづくりをどのような目的のために推し進めていくかの認識を如何に共有できるかが重要になってくる。総合型クラブは，「スポーツ版の地域コミュニティ」の役割を果たす団体の一つとも言える。

　しかしながら，総合型クラブは会員の会費等だけで運営するので，主財源に乏しく，助成制度に頼っているのが現状である。そこで，国のスポーツ振興施策の一環として，スポーツの競技水準の向上, 地域におけるスポーツ環境の整備など，スポーツの普及・振興を図るため，スポーツ振興事業に対する助成を行っている。スポーツ振興助成には，誰もが身近にスポーツに楽しめる環境づくりを目的とした「スポーツ振興くじ助成」，スポーツの競技水準の向上・スポーツの裾野拡大を目的とした「スポーツ振興基金助成」，スポーツの国際競技力向上を目的とした「競技強化支援事業助成」の 3 つがある。スポーツ振興くじ助成は, toto, BIGの販売により得られる資金をもとに，地方公共団体及びスポーツ団体が行うスポーツ振興を目的とする事業に対して助成される。どれもスポーツ振興基本計画に基づくスポーツ振興政策の一環として，わが国のスポーツの国際競技力向上，地域におけるスポーツ環境の整備充実など，スポーツの普及・振興を図るための助成である。図表 5-2 よりスポーツ振興くじ助成を受けている総合型クラブは，以前に受けたことがあるクラブを含めて 52%と半数以上の総合型クラブが助成を受けていることがわかる。

図表 5-2 スポーツ振興くじ助成事業について

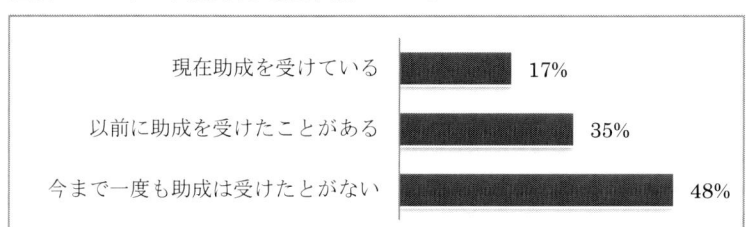

出典：スポーツ庁（2016）総合型クラブに関する実態調査結果概要

スポーツ振興くじ助成である総合型クラブ地域活動助成には，総合型クラブを創設するために設立された非営利の団体が行う事業，市区町村が行う総合型クラブの創設に係る事業，総合型クラブ自立支援事業，総合型クラブの活動基盤の強化に資する事業，総合型クラブマネジャー設置支援事業があり，地域住民の交流の場となる総合型クラブの創設及び育成・促進を図ることで，クラブの立ち上げ（設立）を支援することを目的とした時限的な金銭的援助，すなわち，助成事業の性質・条件を踏まえた補助金活用である。5年というのが一般的な助成期間であり，それまでに総合型クラブとして自立できる基盤づくりが重要となってくる。

図表 5-3 スポーツ振興くじ助成事業終了後のクラブ運営について(複数項目回答)

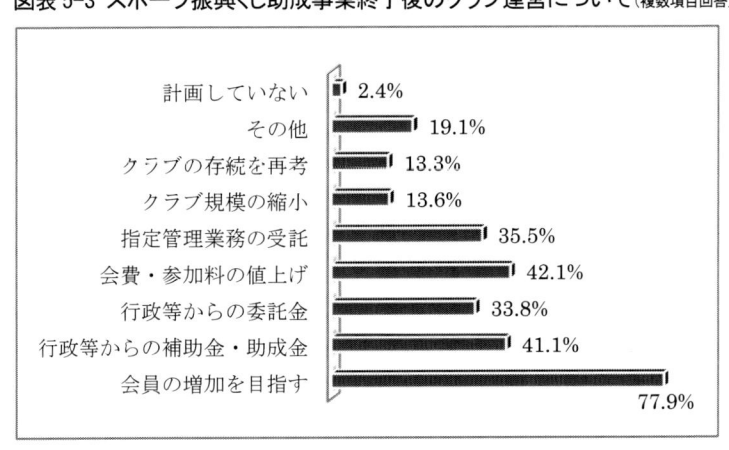

計画していない　2.4%
その他　19.1%
クラブの存続を再考　13.3%
クラブ規模の縮小　13.6%
指定管理業務の受託　35.5%
会費・参加料の値上げ　42.1%
行政等からの委託金　33.8%
行政等からの補助金・助成金　41.1%
会員の増加を目指す　77.9%

出典：日本体育協会　総合型クラブ全国協議会アンケート（2012）

　図表 5-3 より，スポーツ振興くじ助成期間終了後の総合型クラブ運営について，77.9%のクラブが会員の増加，42.1%のクラブは，会費・参加料の値上げと回答し，自立的運営を視野に入れたクラブ経営を目指しているのに対し，行政等からの補助金・助成金での運営が 41.1%，行政等からの委託金運営も 33.8%もあり，クラブの活動基盤を助成金に頼っているケースが多いこともわかる。また，35.5%が指定管理業務の受託と回答しているように，総合型クラブの側からすれば，指定管理者制度はスポーツ専用施設としての活動拠点を確保できることとな

るため，様々な事業展開の可能性が高まる。また，安定的な活動拠点の確保のみ
ならず業務を請け負う対価として一定の収入（指定管理料等）を得ることができ
る。この点においては，財源の確保が困難な総合型クラブが多いなかで，財政的
な自立という面で大きなメリットとなる。

　このように，国は「地域版スポーツコミュニティ」を果たす重要な役割（新し
い公共）の担い手として総合型クラブを育成してきたが（図表 5-4），全国の創
設済み総合型クラブ数 3,385 クラブのうち，法人格を取得しているクラブ数は 785
クラブ，指定管理者は 196 クラブと創設済みクラブ数の僅か 5.8%にすぎず，栃
木，群馬，京都，香川の四都道府県においては，指定管理者となっている総合型
クラブはなく，各都道府県の事情があるといっても，新しいスポーツ基本計画が
機能しているとは言い難い。

第 3 節　総合型地域スポーツクラブと指定管理者制度

　文部科学省では，1995 年から 2003 年までの 9 年間，地域コミュニティの役割
を担うスポーツクラブづくりに向けた先導的なモデル事業として，地域住民の自
主的な運営を目指す「総合型クラブ育成モデル事業」を実施してきた。クラブ設
立の効果として，「元気な高齢者の増加」，「地域住民のスポーツ参加機会の増
加」，「世代を超えた交流の活発化」など，地域住民が主体的に地域のスポーツ
環境を提供する「新しい公共」が実現するとされている。総合型クラブの運営は，
基本的には会社経営のように，会社の経営者に雇用されるスタッフ（インストラ
クターやコーチ）が，顧客に商品やサービスを供給するというものではなく，ク
ラブ代表者を関係者から選任しつつも代表者に権限が集中するという形でもな
く，地域住民自らがクラブの運営や指導に参画するという形をとりながら，組織
体制を拡充していく。すなわち，地域住民が自主的・主体的な運営を行うことを
目的としている。

　指定管理者制度は，地方自治法第 244 条「公の施設」 (2) に関連する制度であ
り，「公の施設」の管理を民間事業者の手法を活用することで，管理に要する経
費を縮減することが可能になり，その結果，当該「公の施設」の利用料の低料金

図表 5-4　総合型地域スポーツクラブ育成状況等について

都道府県	① 創設済み クラブ数	② 法人格取得 クラブ数	法人格 取得割合 (②÷①)	③ 指定管理者	指定管理者 クラブ割合 (③÷①)
北海道	145	34	23.4%	5	3.4%
青森	34	4	11.8%	2	5.9%
岩手	56	19	33.9%	7	12.5%
宮城	46	18	39.1%	12	26.1%
秋田	72	15	20.8%	6	8.3%
山形	63	15	23.8%	5	7.9%
福島	87	32	36.8%	12	13.8%
茨城	50	18	36.0%	2	4.0%
栃木	56	9	16.1%	0	0%
群馬	44	16	36.4%	0	0%
埼玉	93	56	60.2%	2	2.2%
千葉	77	18	23.4%	2	2.6%
東京	130	41	31.5%	2	1.5%
神奈川	86	55	64.0%	2	2.3%
新潟	47	22	46.8%	11	23.4%
富山	62	34	54.8%	14	22.6%
石川	36	23	63.9%	9	25.0%
福井	26	5	19.2%	2	7.7%
山梨	30	10	33.3%	1	3.3%
長野	68	19	27.9%	2	2.9%
岐阜	68	25	36.8%	9	13.2%
静岡	62	21	33.9%	1	1.6%
愛知	137	22	16.1%	10	7.3%
三重	64	20	31.3%	7	10.9%
滋賀	55	17	30.9%	8	14.5%
京都	56	4	7.1%	0	0%
大阪	62	21	33.9%	1	1.6%
兵庫	783	2	0.3%	2	0.3%
奈良	46	15	32.6%	4	8.7%
和歌山	39	16	41.0%	4	10.3%
鳥取	25	9	36.0%	2	8.0%
島根	34	8	23.5%	3	8.8%
岡山	42	8	19.0%	3	7.1%
広島	37	10	27.0%	4	10.8%
山口	48	7	14.6%	4	8.3%
徳島	34	8	23.5%	2	5.9%
香川	26	5	19.2%	0	0%
愛媛	41	5	12.2%	1	2.4%
高知	31	10	32.3%	7	22.6%
福岡	79	19	24.1%	1	1.3%
佐賀	28	4	14.3%	1	3.6%
長崎	36	6	16.7%	3	8.3%
熊本	68	12	17.6%	7	10.3%
大分	42	13	31.0%	3	7.1%
宮崎	32	11	34.4%	3	9.4%
鹿児島	53	18	34.0%	6	11.3%
沖縄	49	6	12.2%	2	4.1%
計	3,385	785	23.2%	196	5.8%

出典：スポーツ庁　総合型クラブ育成状況（2016）を参考に筆者が作成

化を図るとともに利用者の満足度を上げ，利用者に対するサービス向上が期待できるとして設けられたものである。地方公共団体は，「住民の福祉の増進を図ることを基本として，地域における行政を自主的かつ総合的に実施する役割を広く担う」（地方自治法第1条の2）ことが求められている。この「住民の福祉の増進」などの役割を果たすために，地方自治体は各種「公の施設」を設置して広く住民の利用に供するとともに，設置主体である地方自治体がその管理を直接行うことが原則とされている。従来，「公の施設」の管理は自治体の出資法人等に限定して委託することができたが，これを広く民間にも開放するため，2002年7月の総合規制改革会議の中間とりまとめ，「官製市場の見直し」方策の一つとして取り上げられ，地方自治法（244条の2，244条の4）の改正を経て2003年9月から施行されている。「公の施設」の指定管理の目的はあくまでも，経費の削減に加え，住民のニーズに応えるべく，効率的・効果的な施設の管理・運営や事業を行うことで地域を元気にし，地域からの内発的な活力源ともなる自治の仕組みや仕掛けを具体化することにつながる。新しい公共において，その担い手と期待されるのは行政ではなく，住民自治組織や民間，外郭団体，NPO等の事業者・団体など様々である。しかしながら，住民に対する公共の担い手としての期待が高まる一方で，「新しい公共」の名のもとに従来，行政が担ってきた業務の一部を事業者・団体などに肩代わりする点で，行政責任を放棄しているとも考えられる。実際，指定管理者として「公の施設」の管理・運営を行っているが，自治体の本音と建前が見え隠れするのが現状である。

　しかしながら，前述したように，総合型クラブが公共スポーツ施設の管理主体となることが期待され，新たに策定されたスポーツ基本計画において，国は総合型クラブと指定管理者制度を強調しているが，創設済みクラブ数3,385クラブのうち，指定管理者となっているのは196クラブと僅かであるという状況から，総合型クラブが指定管理者制度導入に積極的でないことも窺える。

　ほとんどの総合型クラブは，「ヒト・モノ・カネ・情報」と専門的なノウハウとクラブ運営に多くの苦労と時間を費やしている反面，多くの自治体において，市民活動の活性化や地域コミュニティの促進は行政施策として位置づけられて

おり，行政はそれらの役割を担う組織や市民団体を育成してきている。そこで，筆者は以前の研究（黒川，2015a，2015b）において，自らの勤務先が位置する三重県に着目し，その動向を三重県内の総合型クラブを対象とした質問紙調査とヒアリングから，総合型クラブがコミュニティレベルの先駆者となりえるか否かについて検証した。

図表 5-5　法人格の取得について

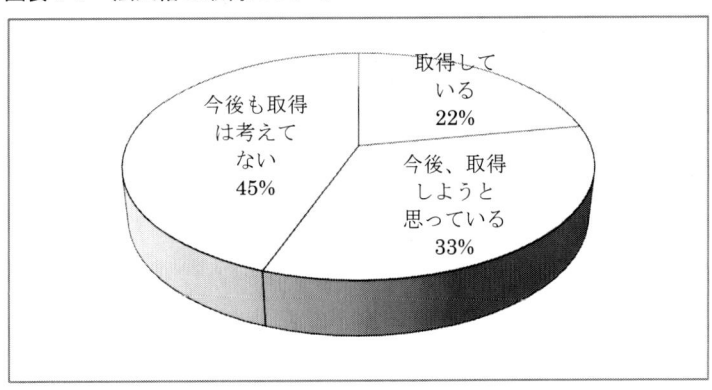

出典：黒川（2015a），24頁

　法人格の取得（図 5-5）については，今後のクラブの方向性を如実に表している。「取得している」22%，「今後，取得しようと思っている」33%と法人格の取得に前向きに考えているクラブが 55%あることがわかる。取得しようと思っているクラブは，クラブの社会的地位の確立，助成金や指定管理者への申請等を考えており，クラブとしての自立の方向性を模索していると言える。一方で，「今後も取得を考えていない」クラブも 45%あり，取得しようと思っていないクラブは，現状のままでよい，身の丈にあった運営，ヒトの問題といったように，クラブの現状や諸問題に向き合わない回答が多く，新たな方向への模索などの動きはなく，「なるようにしかならない」といった考え方を示している。しかしながら，何かのきっかけでクラブが変わる要素も十分に考えられ，法人格の取得の有無は今後のクラブの方向性を推し量る重要な要素になり得る。

指定管理者への公募（図表 5-6）については，「指定管理者である」15%，「今後，公募しようと思っている」15%，「今後も公募は考えていない」70%と法人格の取得の有無とはかなりの開きが見られる。これは，法人格の取得は目指すが，指定管理者への応募までは考えていないということであるが，理由として，クラブの属する自治体に指定管理者制度が導入されていない，指定管理業務に追われ，総合型クラブの運営が疎かになる，業務が煩雑になることへの不安（ヒトの問題にも言及），指定管理者に選定されても指定期間終了後も継続して指定を任される保証もなく雇用に対する不安，自治体が負担するコストの削減などがあげられる。また，民間企業では指定管理者からの撤退事例も数多くあり，民間企業は参入する自由と同時に撤退するのも自由であるとの経営姿勢から，行政は撤退時の対応をマネジメントする必要も生じてくる。

図表 5-6 指定管理者への公募について

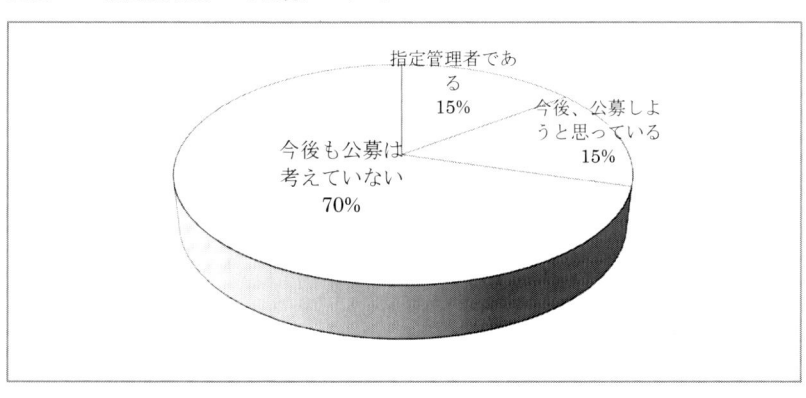

出典：黒川（2015b），25 頁

　更に，新公会計制度により「公の施設」も資産として把握され，資産の所有コストが明確になるので，施設の売却や譲渡などの資産を圧縮する流れが生じ，指定管理者である受託者は利用者以外にも施設の持つ意味や価値が説明できなければ，施設そのものが廃止されてしまう事も予想される。このような課題から総合型クラブは法人格の取得は視野に入れるが，指定管理者制度導入までの選択肢

はないように思える。

　指定管理者制度を導入した理由（図表 5-7）について，「雇用の確保につなが
るから」33%，「活動場所の確保につながるから」25%と，この2項目が主な理
由としてあげられる。ヒト，活動拠点は総合型クラブにとって非常に重要なもの
である。また，従前から当該施設を管理運営していたので，引き続き自治体から
特命指定を受けたという回答も 17%あり，管理委託から指定管理者へという構
図もみえてくる。

図表 5-7　指定管理者制度を導入した理由

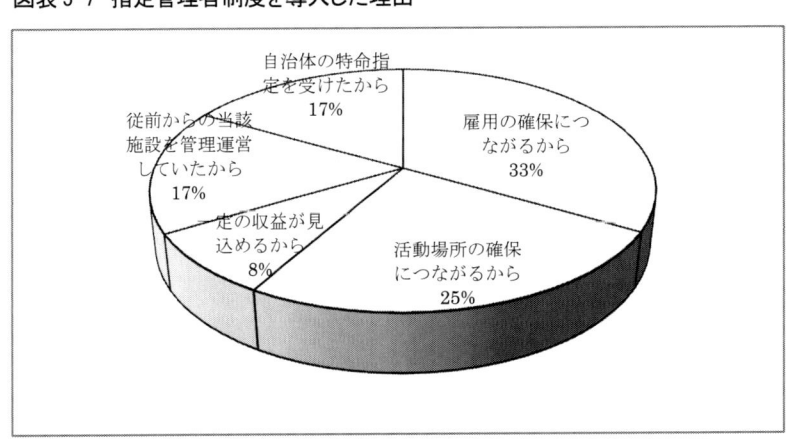

出典：黒川（2015b），26頁

　指定管理者になったことで生じた課題（図表 5-8）について，「コスト削減の
影響」37%，「施設の修繕について」36%と，この2項目が主な課題としてあげ
られている。指定管理者となるために，コスト削減に取り組み指定管理料を下げ
ることが，指定管理者選定の決め手となる自治体もまだ多くあり，指定管理者に
なったものの，申請時に計上した金額では運営が厳しいことは承知の上で，選定
されるために無理をした部分が現実となっている。雇用についても指定が更新さ
れなかった場合，雇用継続される保障もなく不安定である。また，施設の修繕に
ついては次節で指摘する。黒川（2015a）は，今後の総合型クラブの自立の可能

図表 5-8　指定管理者になったことで生じた課題

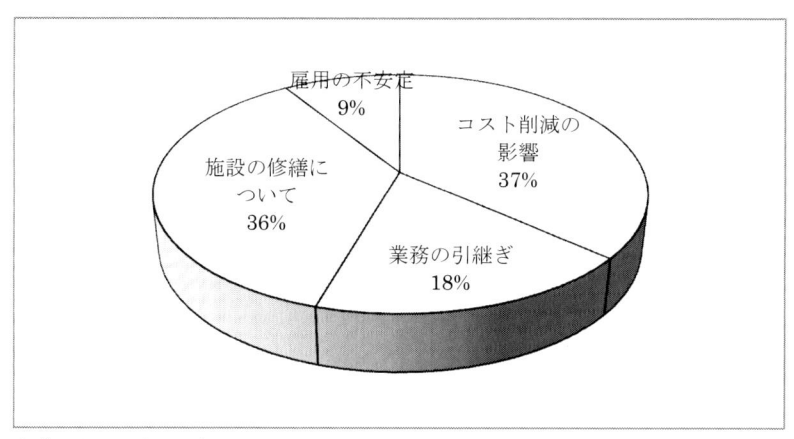

出典：黒川（2015b），26頁

図表 5-9　今後の総合型クラブの自立の可能性と動向

自立的運営に肯定的な意見	・運動施設のキャパシティに合わせた会員数で運営を行う。 ・地域との連携，協賛金，クラブ内指導者等（安価な謝金）の確保。 ・身の丈に合った経営，地域のニーズにあった経営を心がけ実践。 ・助成期間に自立を目指した工夫をして自己財源率を上げる。 ・クラブのコンパクト化を目指すことで，運営上の「ムリ，ムダ，ムラ」を排除。 ・他のクラブとの協働・協調。 ・活動拠点の確保や整備に行政が責任を持つ。 ・行政との協働と会員を増加。 ・助成金申請時より中長期計画に基づいた運営。
自立的運営に否定的な意見	・「ヒト」の問題と会員数の減少からクラブ運営自体，厳しい。 ・行政主導の総合型クラブには自立という言葉は当てはまらない。 ・地域住民に受益者負担意識を浸透させることができなければ自立は難しい。 ・小規模なクラブが自立しても，必ず資金面での障壁より頓挫する。 ・一経営体としての総合型クラブでは，企業体には施設面や料金では対抗できないので，身の丈に合った運営をしていくしかない。

出典：黒川（2015a）より筆者が作成

性や動向について，「自立的運営に肯定的」，「自立的運営に否定的」と以下の二つの意見に集約している（図表 5-9）。

このように総合型クラブは，「自立的運営に肯定的な意見」と「自立的運営に否定的な意見」すなわち，運営が行き詰まっているクラブと新たな方向性を見出したクラブの二極化傾向にあると言える。公的支援を受けられる設立当初の期間を過ぎると自主財源に基づいて活動をしなければならなくなる。現在では多くのクラブがその時期を迎えているが，自主財源のみで順風満帆のクラブは少なく，課題山積で継続・発展への正念場を迎えている。本来の意味での総合型クラブとは，「スポーツを通じて地域を元気にする」コミュニティの形成（新しい公共）を目指しており法人格の取得や指定管理者を目指すクラブは，その基準を満たすことによって，助成金や指定管理者へ申請し，社会的地位の確立を目指す。一方で，法人格の取得や指定管理申請を行わないクラブは，「身の丈にあった運営」でコミュニティの形成を目指している。すなわち，どちらも目指しているところは同じである。ただ，総合型クラブの自立的運営や永続的な持続・発展を考えれば，社会的自立は必要不可欠ではある。

第 4 節 あのうスポーツクラブの事例

本節では，筆者の勤務先である，あのうスポーツクラブの取り組みと指定管理者制度導入後における経営実務の現状と課題より，総合型クラブの今後の方向性と持続可能な総合型クラブに成長するために必要な要素について明らかにしたい [3]。特定非営利活動法人あのうスポーツクラブ（以下「あのう SC」と表記）は，三重県津市安濃町民等に対して，「いつでも，どこでも，だれでも気軽にスポーツができる環境づくり」に関する事業を行い，もって安濃町内等の生涯スポーツの振興を図るとともに，スポーツを通して子どもたちの健全育成および住民の健康・体力の維持増進と人と人との心をつなぎあわせるまちづくりに寄与することを目的として，2004 年 2 月 20 日に設立された（図表 5-10）。

2006 年の 10 市町村合併により「新」津市となった後も，津市安濃中央総合公園内運動施設を中心に活動してきた。安濃町民をはじめ，津市民のスポーツ及び健康への関心は大変高く，運動施設は盛況を博していた。津市安濃町におけるスポーツ振興の拠点となるため，2005 年 10 月 7 日に法人格を取得し，同年 10 月

図表 5-10　あのうスポーツクラブの概要

名　　称	特定非営利活動法人あのうスポーツクラブ
基本理念	三重県津市安濃町民を中心に，「いつでも，どこでも，だれでも気軽にスポーツができる環境づくり」に関する事業を行い，もって安濃町民等の生涯スポーツの振興を図るとともに，スポーツを通して子どもたちの健全育成および住民の健康・体力の維持増進と人と人との心をつなぎあわせるまちづくりに寄与する
設　　立	2004 年 2 月 20 日
法人格取得	2005 年 10 月 7 日
指定管理施設	津市運動施設（安濃地域）：津市安濃中央総合公園内体育館他 7 施設（2012〜2014・指定期間 3 年），2 期目（2015〜2020・指定期間 5 年）
所在地	三重県津市安濃町田端上野 818 安濃中央総合公園体育館内
活動拠点	安濃中央総合公園内体育館，　他上記指定管理施設
活動種目	12 種目
会員数	331 名（2017 年 7 月 1 日現在）

出典：あのう SC 事業報告書から筆者が作成

24 日から「特定非営利活動法人あのうスポーツクラブ」として活動を開始した。活動は主にスポーツ教室を開催し，参加者の心身の健全な発達と豊かな人間性を涵養することを目的としている。平成 24 年 4 月より，津市運動施設（安濃地域）指定管理者 (4) に選定をされ，1 期目（指定期間 3 年）1 期目の実績から，2 期目（2015〜2020・指定期間 5 年）にも指定管理者に選定され現在に至っている。総合型クラブの活動を開始して数年間は盛況であったが，年々会員数は目減りし，クラブ経営は厳しくなっていった。そんな折での管理委託の受託は，まさに渡りに船であった。その後，管理委託から指定管理者制度導入という流れに乗る形で指定管理者へ選定という運もあった。実際，クラブを存続させるために指定管理者へ応募せざるを得ない状況であった団体として，この 5 年間，公共スポーツ施設を管理・運営を通して得られた「功」と「罪」を以下に示す。

　「功」としては，指定管理料，利用料金という安定した収入が一定期間あるので，財政基盤の脆弱な総合型クラブや NPO 法人は，積極的な事業を行うことができること，活動拠点が確保できること，一定期間，雇用の安定が図れること，利

用者の満足度を向上させることにより，より多くの利用者を確保することが可能となること，民間事業者の発想を取り入れることで，利用者に対するサービスの向上が期待できるとともに，民間への市場開放にもつながること，自治体はコストが削減できることが挙げられる。

　指定管理者制度導入の効果はスタッフの努力もあり，施設利用者も増加させるとともに，施設利用料金も増収となった。2014年は，体育館の釣り天井，LED導入工事に係る休業（半年間）と2016年は，体育館音響工事に係る休業（1ヶ月）の影響から減収となっているが，損失補てん分を加算すると両年とも昨年度比増収となり，2011年の管理委託時と比較すると約4,000千円の増収となった（図表5-11）。経常費用も削減することができ，「住民の福祉の増進」に大いに寄与してきたと言える。その一方で，2016年度のクラブ収入内訳は指定管理料収入46%，利用料金収入43%と指定管理業務での収入のほとんどを占め自主財源は僅か11%であった。その内実はスタッフ全員が有期雇用，施設の清掃及び軽微な修繕は全てスタッフが行っているなどコスト削減に身を切る努力をしている。

「罪」としては，施設設置条例の制定及び改正（指定管理者制度導入に伴う施設設置条例の制定・改正）が追いついていないこと，行政側（自治体）に有利な協定，業務の引継ぎ，指定期間が終了したときの雇用問題，修繕費やリスク管理に

図表 5-11　施設利用料金収入（単位千円）

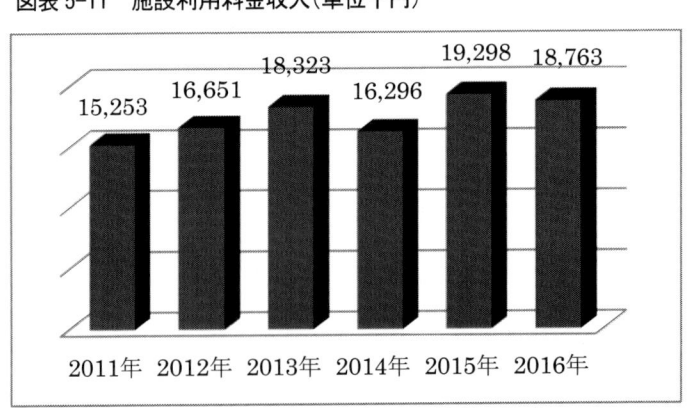

出典：あのう SC 事業報告書（2016）より筆者が作成

ついて，使用許可の優先と利用料金の減免，消費税率引き上げに伴う利用料金への未転嫁，自治体は経費削減のみを念頭に置いている感があり，指定管理者制度に対して理解に乏しく，業務を指定管理者に丸投げして協働意識が感じられないことが挙げられる。特に，「施設修繕」と「使用許可の優先と利用料金の減免」においては，自治体側有利の協定と言っても過言ではない。施設修繕は協定書において，自治体・指定管理者の責任範囲が定められ，50万円以上は自治体，50万円未満は指定管理者負担といったように協定書で案分されている。しかしながら，50万円以上かかる修繕であっても自治体がコスト削減の為，修繕箇所を調整させることで，50万円未満の金額にし，指定管理者に修繕（負担）させるという酷いケースもあった。利用者の要望に応え，「住民の福祉の増進」に寄与することが指定管理者の負担を重くするという本末転倒の図式であり，自治体と指定管理者の協働という意識からも乖離していると言える。次に使用許可の優先と利用料金の減免について，使用許可の優先事業 (5) と減免対象事業 (6) が多岐にわたることから，優先事業でない一般事業（一般利用者）が，施設予約が可能な（半年前の月初め）早朝から並んでもらっているにもかかわらず，既に優先事業の予約が入っており，希望する日時の施設予約が取りにくいのが現状である。加えて，優先事業の大半が減免対象になっているので，利用料金収入にも多大な影響を及ぼしており，2011年度においては，利用料金収入 18,763 千円に対して減免料金が 3,209 千円と利用料金収入の 17.1%が減免である（図表 5-12）。3,209千円が収益となれば，市民やクラブスタッフに対して多くの還元ができる。減免制度には多くの議論があるが，開催する事業，大会等の趣旨にもよるが，必要に応じて講じていかなければならない制度ではあると思うが，それに伴う補助金等の交付が全くないことが問題である。自治体は減免金額も指定管理料に含まれている（指定管理申請書には減免予算を計上されてないにもかかわらず）というだけで，根拠の提示（指定管理料内訳の情報開示）を求めても応じてくれないことが，この制度が指定管理者として，「最大の罪」になっている。

　また，減免対象団体（事業）の多くは，受益者負担意識が低く，減免が当たり前という姿勢から，施設の利用態度も悪く使用後の清掃もままならない。更に減

図表 5-12 利用料金と減免率（千円）

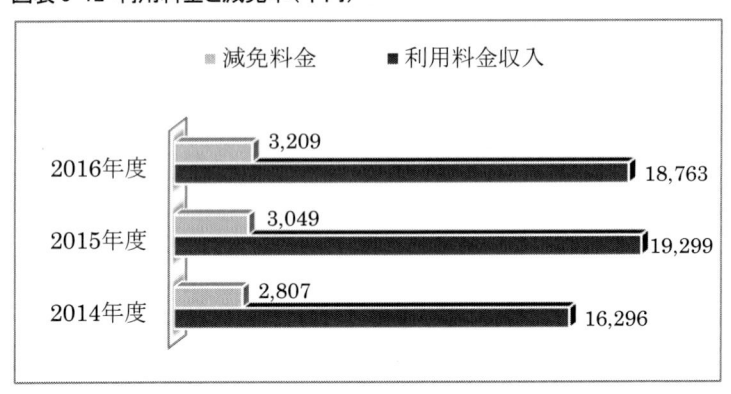

出典：あのうスポーツクラブ事業報告書（2017）

免対象事業と偽って虚偽申請をしてくる団体もいることにも苦慮している。指定管理者として，利用の平等性（指定管理者運用指針）の念頭におくべく，一般事業（一般利用者）が予約できるように調整している。次に，平成26年4月より消費税率引き上げに伴う（平成25年12月4日付け総行行第198号，総行行第28号）利用料金等の改定等に係る措置が講じられておらず，いくらコストを削る経営努力をしても，コストを考慮しない自治体の指定管理者にとっては非常に厳しい状況で，その反動が利用者へのサービス低下という構図となっていく。

　これら「罪」を緩和し，「住民の福祉の増進」を目指すべく自治体との運営協議会を立ち上げ，何度も議論をしているが，建設的な議論には至らない。県庁所在地でありながら，県内で最も指定管理者制度の改変が遅れている自治体である。会社組織もそうだが，特に自治体では建設的な意見を言う職員は嫌われ出世できない風潮があるようで，市民のことより自分のこと（組織での立ち位置）を大切にする人間性が窺えてならない。いずれにせよ，施設の有効活用を推進し，限りある財源をどのように活用すべきであるかという自治体の行財政運営の在り方が問われていることを認識すべきである。指定管理者としてあくまでも住民側（利用者）の目線を優先させる管理・運営を貫いていくことが重要であるのはもちろんのこと，自治体にも理解を求め指定管理者制度の「功」を全面に打ち出し

ていく努力も必要である。

第5節 おわりに

　国は，自主財源が脆弱な総合型クラブを持続可能なクラブにするために総合型クラブと指定管理者制度の関係性を強調しているが，指定管理者となっている総合型クラブは僅かであるという根拠が，あのう SC の事例から読み取れる。あのう SC は，クラブ設立時における「ヒト」の参画や管理委託の実績から指定管理者に選定されたに過ぎず，あくまでもクラブの存続が最優先で，この制度のことを深く考えなかった上に制度導入後のビジョンも明確でなかった。また，自治体も公共スポーツ施設における指定管理者制度の導入が初めてだったこともあり行政施策が明確でなかったことから浮き彫りとなった事例でもある。指定管理者制度は助成金以上に持続可能なクラブに成長させる基盤として大変魅力のある制度ではあるが，それをメリットにするか，デメリットにするかは，制度を導入した自治体と指定管理者となったクラブ次第であると言えよう。

　今後，成長していく総合型クラブは，「ヒト」を育てる好循環（一貫性）があり，「理念」，「システム」も明確である。大野・徳山（2015）が今後のわが国アマチュアスポーツ組織の発展の要件として挙げている，「外部社会とのかかわりを断ち，組織を内部者より画一的に構成し，上の者が方針を決めて，下の者がそれに従うという従来のスポーツ界の価値観からの脱却」を踏まえるとするならば，総合型クラブの運営はまさにこれに当てはまる。クラブ代表者を関係者から選任しつつも，代表者に権限が集中するという形でもなく，地域住民自らがクラブの運営に参画することで組織体制を拡充していく。大野・徳山（2015）が指摘するように，今後のスポーツマネジメントには，公益的，公共的な視角からスポーツの発展に志向したマネジメントを実践できる人物が求められる。今後の総合型クラブの展開を考えると，結局は「ヒト」に行き着く。「ヒト（組織）」が悪循環のクラブの持続は厳しく，「ヒト（組織）」が好循環のクラブは成長すると言ってもいいであろう。

　本章では，指定管理者制度を導入した総合型クラブの経営実務の現状から，総

合型クラブの持続可能なあり方について明らかにしてきた。この議論には国が総合型クラブを育成することのみに偏向し，約3,600もの総合型クラブを育成してきたが，一方では235ものクラブを廃止（統合含む）(7)にと追い込んでいったという背景もある。設立したクラブを持続可能なクラブに成長させていくために必要な行政施策の議論が十分になされないまま，各自治体は総合型クラブ育成支援の方向性を摸索している状況にあることが推察できる。今後の総合型クラブの展開を考えていくと，指定管理者制度の関係性を強調した上で持続可能を目指すのか，新たな創出を目指すことで持続可能を目指すのか，各クラブに見合った施策を明確に持つことが重要である。同時に国には，育成のみに偏向したクラブから持続可能なクラブに向けての仕組みづくりが急がれる。育成し過ぎたから統合すればといった安易な発想は避けて議論していくべきであろう。

注

(1) 三重県内総合型クラブ 64 クラブのうち，事務所の連絡先を公表している 57 クラブに質問紙を送付した（回答クラブ 27 クラブ，回答率 47.4%）。また，総合型クラブの現状や今後の方向性などについて，三重県総合型クラブアドバイザーA 氏にヒアリングを実施した。

(2) 地方自治法第 244 条において住民の福祉を増進する目的をもってその利用に 供するための設けた施設で，レクレーション・スポーツ施設（競技場，野球場，体育館など），産業振興施設（展示場施設など），基盤施設（水道施設，駐車場など），文教施設（市民会館，博物館など），社会福祉施設（病院，特別養護老人ホームなど）が代表的なものである。

(3) 筆者は，特定非営利活動法人あのうスポーツクラブが指定管理者制度導入を開始した平成 24 年 4 月 1 日に着任し，現在に至っている。

(4) 津市スポーツ施設では初めての指定管理者制度の導入であったこともあり，管理・運営を通して得たメリット，デメリット等は，スポーツ施設への制度導入の参考事例であった。

(5) 優先事業は一年前から施設の予約が可能であるのに対し，一般予約は半年前ということで，利用者の平等性が損なわれている。市が主催の事業には優先は必要ではあると思うが，優先の必要性のない事業が多過ぎることもあり，平等性を確保するためにも優先事業の許可制限を厳しくする必要がある。

(6) 　三重県内の 14 市において，指定管理者制度を導入している公共スポーツ
　　　施設で，受益者負担や公共性の度合いを考慮しない広義な適用範囲の減
　　　免制度を導入しているのは津市のみである。他市は減免の適用範囲が厳
　　　しく制限されており，公益性の度合いや負担能力の状況等から 使用料の
　　　減免が真に必要なものかどうかを判断している。

(7) 　スポーツ庁『平成 28 年度総合型地域スポーツクラブ育成状況』によれば，
　　　廃止・統合等クラブ数は 235，うち，廃止クラブ数は 126，他の総合型ク
　　　ラブと統合したクラブ数は 81，総合型クラブ以外のスポーツ団体に移行
　　　したクラブは 28 である。国は総合型クラブを育成してきたものの，設立
　　　資金のほとんどが，会費とクラブ設立の支援を目的とした時限的な助成制
　　　度を活用したクラブが多く，それまでに自立できる基盤づくりができない
　　　クラブは廃止等に追い込まれていく。

参考文献

大野貴司・徳山性友（2015）「わが国スポーツ組織の組織的特性に関する一考察
　　―そのガバナンス体制の構築に向けた予備的検討―」『岐阜経済大学論集』
　　第 49 巻第 1 号，21 頁-40 頁
黒川祐光（2015a）「総合型地域スポーツクラブの自立的運営に関する一考察
　　―三重県内総合型地域スポーツクラブを着目して―」『地域活性研究』第 6
　　号，203-212 頁
黒川祐光（2015b）「総合型地域スポーツクラブ自立的運営の可能性」岐阜経済
　　大学大学院経営学研究科修士論文
山口泰雄（2006）『地域を変えた総合型地域スポーツクラブ』大修館書店

参考資料

黒川祐光（2014）『三重県総合型クラブ調査』（非公刊）
特定非営利活動法人あのうスポーツクラブ（2012〜2016）『特定非営利活動法人
　　あのうスポーツクラブ事業報告書』

参考 UPL

toto，スポーツ振興基金と助成事業　https://www.jpnsport.go.jp/sinko/ （最終アク
　　セス 2017 年 11 月 23 日）
スポーツ庁ホームページ　http://www.mext.go.jp/sports/（最終アクセス 2017 年 11
　　月 20 日）
特定非営利活動法人あのうスポーツホームページ　http://ano-sports.org/ （最終

アクセス 2017 年 11 月 22 日）

日本体育協会ホームページ　http://www.japan-sports.or.jp/　（最終アクセス　2017
年 11 月 24 日）

第6章　スポーツの競技パフォーマンスを高める
　　　—岐阜県陸上界を事例として—

第1節　筆者紹介

　本章ではスポーツパフォーマンスを向上させるために必要なマネジメント要素について，岐阜県の陸上競技界を例に科学的視点を用いて検討する。先がけてまずは筆者の自己紹介をさせて頂きたい。

　本章の執筆者である中 宗一郎 (なか　そういちろう) は，岐阜大学教育学部で初等教育および中等教育の教員免許 (保健体育) を取得した後，筑波大学大学院に進学し，コーチング論・トレーニング学研究室に所属した。学生であった期間は主に，スポーツにおいて高いパフォーマンスを発揮するためにはどのような要素が必要であるかに関心が高く，スポーツ科学の視点からスポーツパフォーマンスの理論を学び，指導現場に有用な知見を示すことを目標として勉学に励んだ。スポーツ科学と一言で言っても非常に広く深いもので，パフォーマンス理論を究明するには多くの視点が必要である。例えば，生体内の現象とパフォーマンスの関係を科学する運動生理学や，動作や技術的要因を動力学によって説明するスポーツバイオメカニクスといった「自然科学」の分野や，アンケート調査でコーチングの思想や心理的要因などを検討するような「人文科学」の分野がある。いずれにしても，パフォーマンスを決して一つの要因で説明できないのがスポーツ科学の難しさであり面白味でもあると感じている。最終的に筆者の修士論文は，脳内の活動がどのようにジャンプパフォーマンスに影響するかというテーマであったが，様々な分野を学ぶことができたことに非常に満足している。競技としては，中学から大学院まで陸上競技の走幅跳に取り組み，インターハイや全日本インカレに出場した経験がある。また，国外のレベルを肌で体感してみたいと意気込み，一人アメリカLAで世界のトップアスリート達とともに陸上競技のトレーニングに励んだこともあったが，トップアスリートの意識の高さとアメリカのスポーツ環境のすばらしさに驚愕した記憶は色濃い。学生時代に取り組んだ陸上競技では，机上で学ぶスポーツ科学の知識を実践し競技力を向上させる過程で失敗や挫折を感じることもあったが，思考し，理解し，そして新しい発見にいきつくことは筆者の人

生に必要な刺激であると気づくことが出来た。

　大学院を卒業後はゼビオ株式会社に勤め，スポーツ用品店での経験を通して小売りの基礎を学んだ。小売りは売上を向上させることが大きな目標であるが，その本質は，経営資源である人，物，売場を良質化させることである。筆者が特に興味深く感じたのは，売上をパフォーマンスと称する考え方であった。売上というパフォーマンスは，客数×客単価のシンプルな構造で成立しているため，パフォーマンスを向上させるにはできるだけ多くの人にたくさん出資してもらえるような工夫が必要である。一般的な小売りのイメージとしては，販売員がお客さんに話しかけて商品の説明をするシーンを想起するかもしれない。このような販売員のアプローチをあまり快く感じない人もいるだろうが，これもパフォーマンスを向上させる上で大切な要素の一つである。この他にも，価格帯や用途，ブランドや色，サイズなど差のある商品をそれぞれどのくらい取り揃えるのかとか，商品をどこにどうやって陳列するのかといった要素もパフォーマンスに大きく関与している。つまり売上を向上させるという目標についても，パフォーマンス理論について理解することは，課題や対策をより明確かつ具体的にする上で重要である。小売事業においてもこのような経験ができたことは筆者にとって大きな学びとなったことには違いない。そして企業への就職から1年ほどで現在の岐阜県体育協会のスポーツ科学センターへ転職し，様々な競技アスリートの競技力向上のため，スポーツ科学の面からサポートを実施している。

　筆者が現在所属している，岐阜県体育協会のスポーツ科学センター（Gifu Sports Science Center: GSSC）は，主に岐阜県が指定する岐阜県ゆかりのトップアスリートを対象に様々な医科学的サポートを実施している。現在センターが実施しているサポートは，フィットネスチェック，スキルチェック，フィジカルトレーニング，低酸素室利用の四つに大分されている。一つ目のフィットネスチェックとはいわゆる体力測定のことで，身体の部位の太さや筋肉および脂肪の厚さを計測する形態計測や，筋力・パワーの測定，ジャンプテストや全身持久力テストがあり，専門的な機器を用いた体力測定を行うことで体力要素を細かく評価している。他にも，施設外でフィールドテストを行うことでより実践的な能力を測定することもできる。二つ目のスキルチェックでは，撮影した運動動作から力や速度，関節角度などを分析し技術要素を評価する。

また，球技スポーツにおけるシュート率や攻撃パターンなどを分析するゲーム分析もスキルチェックに含まれ，各球技スポーツの試合において勝敗に関与した要因について評価している。三つ目のフィジカルトレーニングは，フィットネスチェックやスキルチェックの結果もしくは，選手や指導者からヒヤリングした情報などを基に，競技特性や競技力に応じた効果的なトレーニングを指導するサポートである。そして四つ目の低酸素利用では，2017年6月に完成した低酸素室という酸素濃度を調整することのできる設備を用いて，通常よりも薄い酸素濃度の環境でトレーニングを行うことによってより高い負荷を身体にかけることができる。

この他にも栄養士や心理学の講師を招いて講習を実施したり，医師による怪我に関する悩みや女性アスリート特有の悩みを相談する企画を設けるなどのサポートも実施することがあり，多様な医科学的サポートに取り組んでいる。また，2017年度から，下呂市に所在する御岳濁河高地トレーニングセンターがGSSCの管轄となったことで，標高約1700mで行う高地トレーニングのサポートにも力が入っている。

写真 6-1 岐阜県スポーツ科学センターの設備

提供：岐阜県スポーツ科学センター

第2節　岐阜県陸上競技界の課題

さて，第1節では筆者の自己紹介をさせて頂いたのだが，ここからは筆者が長年にわたり携わってきた岐阜県の陸上競技界について検討していく。先駆けてまずは陸上競技というスポーツについて説明させて頂きたい。

陸上競技というスポーツの最大の特徴は，種目が非常に多様であることだ。陸上競技の種目は走・跳・投の三つに大分されており，「走」は走行にかかった時間，「跳」は跳躍した距離および高さ，「投」は各投擲物を投げた時の距離を競っている。さらに「走」ならば走る距離によって，「跳」ならば跳ぶ方向（水平方向か垂直方向か）によって，「投」ならば投擲物の重さや形状によってそれぞれ求められる能力は異なる。要するに，同じ陸上競技の中でも競技によって必要な体力および技術的要素に多少なり違いが生じる。その一例として，2017年度に日本人で初めて100m9秒台を記録した桐生祥秀選手は，洛南高校時代に日本選手権で優勝するという衝撃的な成果を上げているが，その同年に走幅跳にも出場しており，その記録はインターハイに出場できるかどうかといった記録であった。走幅跳において助走を速く走ることは記録を向上させる重要な要素であるが，とてつもなく速く走れるから遠くにも跳べるという結論に結びつかないことは理解して頂けるだろう。そして多くの陸上競技経験者は，自分の専門とする種目と比較すると，専門外の種目（例えば短距離選手にとっての長距離など）に関する知識や経験が著しく少ない。

図表 6-1 陸上競技のオリンピック実施種目一覧

走		跳	投
100m	110mハードル	走高跳	砲丸投
200m	400mハードル	棒高跳	円盤投
400m	3000m障害	走幅跳	ハンマー投
800m	20km競歩	三段跳	やり投
1500m	50km競歩		
5000m	4×100mリレー		
10000m	4×400mリレー		

マラソン

混成競技（男子十種：女子七種）

筆者作成

また，学校の部活動では陸上競技を一人の教師が指導していることはめずらしくない。筆者自身，現在ボランティアとして母校の高校へ指導に行っているのだが，実際に一人で指導するとこれがものすごく大変なことであると気づく。なぜなら上記の通り陸上競技には非常に多くの種目があり，それぞれの種目に必要な技術を一人一人の競技レベルに合わせて指導するには豊富な知識と経験が必要であること，加えて，男女混在で個人種目であるという特性上，組織の管理も容易ではないからだ。例えば，一周400mあるトラックの各場所でそれぞれが種目別に技術練習に取り組んでいるとすると，分刻みで移動し的確な指導を行わなくてはならない上に，陸上競技の特性上，事故や怪我のリスクは常に隣り合わせであるため，可能な限り全体の安全管理に努めなければならない。つまり各個人に対し最大限有効な指導を安全に行うためには，指導者に豊富な専門的知識と高い管理力が求められる。しかし，こういった能力を学校に勤務する一教師が身につけるというのはかなり困難である。学校の教師になったことのない筆者ではあるが，学校の先生という職業がとても忙しいことは周囲の先生方の話からも想像に難くない。では，学生である期間に学んではどうだという話をするとこれもまた難しい。競技者として一生懸命に励む学生は，専門外の種目にトレーニングや勉強の時間を割かないだろうし，豊富な指導経験を積むには機会に乏しい。このような教育現場の事情は，陸上競技の指導や組織の管理における能力が乏しいままの指導者をあふれさせる原因となっているかもしれない。少し大げさな表現になってしまったが，まずはみなさんに陸上競技の指導がとても難しいということを認識して頂きたい。

　さて，改めてこの節の本題である岐阜県の陸上競技界の問題についてだが，ここではコーチングの資源である，ひと，もの，かね，組織，情報の中でも，「組織」と「情報」に視点を絞り，競技力向上の目的における指導上の問題点を挙げる。

Ⅰ.「組織」に関する問題点

　「組織」に関する問題点として，中学校と高校のカテゴリー間の連携が不足していることが挙げられる。またカテゴリー間の連携における問題について，①「人財の確保」と，②「育成」の二つの面から説明する。

① 人財の確保

　岐阜県陸上競技界の最近の傾向として，全中（中体連が主催する全国大会）で名を上げた選手が県外の高等学校へ進学する例が増えてきている。これは単純に優秀な選手が県内から減ってしまったという結果だけに済まない。なぜなら，中学校のカテゴリーでは，全国大会の出場条件が標準記録（ある一定基準の記録を突破すること）であるのに対し，高校のカテゴリーでは地区総体の上位入賞が条件であるため，県内の優秀な選手が脅威になり得るからだ。例えば，東海地区の総体は愛知，三重，岐阜，静岡の四県で争われるが，とある選手が岐阜県内から愛知県の高校へ進学した場合，その選手は岐阜県選手がインターハイへ出場する上でのライバルとなる。要するに，有力なインターハイ出場者候補をライバル県に譲渡し，さらにはインターハイ出場枠の争いを過酷にしてしまう。県内の有力選手が県外に流出してしまわぬようにするためには，中学校の指導者と高校の指導者の良好な関係（指導者同士の信頼関係や交流など）や，全国的な強豪校の存在が必要である。特に後者について言及するならば，学校の特色や環境などを考慮し，"ある種目に特化した学校"を作り上げるのが有効な方法であるかもしれない。例えば，○○高校は長距離が，○○高校は短距離が毎年全国で勝つといったような，いわゆる住み分けのようなことも必要であると考える。岐阜県は人口密度の高くない土地柄と，スポーツで優遇される私立高校などが少ないこともあり，有力選手が進学高に拡散しやすい傾向にある。また，前述したように陸上競技は専門性が高く，指導者が専門外とする種目を指導するのが難しいという問題を考慮すると，指導者が指導できる種目の選手を集中して育成することが効率的であろう。選手の進学の意向に配慮しながら，選手をどのように配置するかも組織的に決定していく必要があろう。

② 育成

　陸上競技の特性上，指導者の専門外である種目の技術指導をすることや組織を管理することが難しいのは前述した通りである。また，陸上競技は基本的な動作のパフォーマンスを競う競技であるが，それ故に高い身体力や高度かつ複雑な技術が必要であり，また個人競技であるという特性から，競技者には自身の思考力や理解力が要求さ

れる。そのため中高生アスリートの心・技・体レベルを高いレベルに引き上げるには長い年月と合理的な手立てが必要だろう。中学の3年間では高校3年間のトレーニングを見越し，基礎体力や正しい動作の基盤，自己を管理する能力などを身につける必要があり，中学と高校のそれぞれの指導者が共通のビジョンを共有して組織的に育成に取り組むことが重要であると考える。このような育成を施すためには中学と高校の各強化部が密に交流することが必須であるが，岐阜県の強化部では中学と高校が合同で練習をしたり，指導者が目標や目的を共有する機会が少ないのが現実である。中学の指導者と高校の指導者が育成方針および指導技術を共有することは，より組織的で一貫した育成を実施する第一歩である。

　先に，自己を管理する能力が必要であると説明したが，岐阜県の中学強化部では，自己管理力の向上を図る育成方針がある。具体的には，自己管理用のノートを配布して目標設定や計画，振り返りや日誌の記入などを行い，選手が自身を管理するあるいは指導者が選手を管理する取り組みがなされている。この取り組みは非常にシンプルで簡易的なように感じるかもしれないが，筆者としては，選手自身が行うPDCA（Plan:計画，Do:実行，Check:評価，Action:改善）の精度を高めていくことが育成において最も重要なのではないかと考えている。そしてPDCAの精度を高めるという過程もまた高度なことであり時間がかかるため，中学の強化部で実施しているこの取り組みを高校の強化部でも一貫し，より高い自己管理能力を有した選手を育成していくことが望まれる。自己管理能力を向上させるためのPDCAの実施については次節で詳しく説明したい。

Ⅱ.「情報」に関する問題点

　本来，スポーツにおいてコーチングを施す際には非常に多面的な見方が必要である。種目ごとの専門的な技術指導はもちろん，種目特異的な体力要素を向上させるトレーニングに取り組む必要がある。そのため，どのようなトレーニングを，どれくらいの期間，どのくらいの強度で実施するかなどは，合理的なパフォーマンス理論の元に計画されなければならない。例えば，陸上競技の長距離走では速く走ることがパフォーマンスとして求められるが，短距離走のような無酸素の最大パワーを

短時間で発揮する能力とは異なり，有酸素の最大下パワーを持続的に発揮する能力が重要である。それゆえ，酸素というエネルギーをできるだけ多く身体へ取り入れ筋肉へ供給する心肺機能，筋肉がエネルギーを効率よく利用する代謝機構，足が地面に接地する度に受ける衝撃に耐える筋腱の強度といったパフォーマンスに関与する要素を理解し，これらを効率的に向上させるプロセスをより具体的に示す必要があろう。また，スポーツの専門的な知識が多面的に必要である一方で，前述したように自己管理能力を向上させるなどの教育的な面もコーチングに含まれる。より効率的なトレーニングを施すためには，多様な理論を統合させ順序良く指導へとつなげることが好ましい。

図表 6-2 トレーニング学の体系

スポーツパフォーマンス構造論
専門スポーツ種目における戦略および戦術，技術，体力，メンタルな要因などの抽出と構造化
トレーニング目標論
目標設定，問題形成，原因分析，課題の提示と優先順位に配列構造化
トレーニング手段論および方法論
戦術トレーニング論
技術トレーニング論 ┌─筋力・パワートレーニング論
体力トレーニング論 ├─スタミナ・持久力トレーニング論
メンタルトレーニング論 └─コーディネーション論
トレーニング計画論
ミクロ・メゾ・マクロ周期論，ピーキング論，コンディショニング論
トレーニング実践論
トレーニングアセスメント論
トレーニング測定論，評価論，診断論
試合論

出典：図子（2014），143頁

　これらの知識を有し，一人一人の選手の特性に合ったコーチングを施す技術は短期間で身につけられるものではないし，学ぶ機会も限られてくる。しかしながら岐阜県では陸上競技界に限らず，スポーツ科学の情報（知識や理論）に対する関心は高いと言い難いように感じる。今後は，指導者自らが知識を得ようとする姿勢や，知識を有する者が理論を学ぶ場を提供することで，科学的知見に基づいた合理的なパフォーマンス理論を指導者や選手に浸透させることが望まれる。

図表6-3 トレーニングサイクルにおける循環モデル

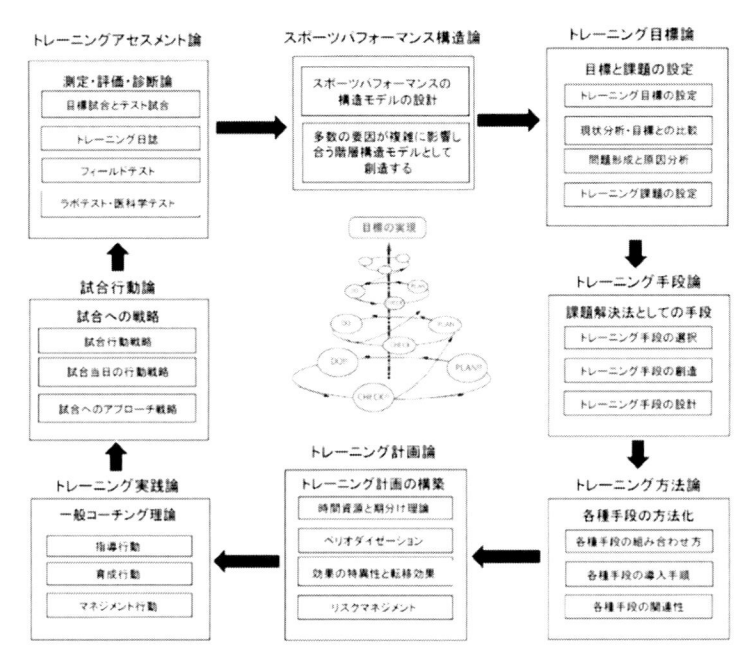

出典：図子（2014），142頁

第3節　PDCAサイクル

　前節では自己管理能力について，選手自らが高い精度でPDCAを実施することが重要であることについて触れたが，本節ではスポーツの場面におけるPDCAサイクルとはどのようなものであるべきかについて詳細に論じたい。

　PDCAサイクルというのは業務プロセスを改善する手法であり，計画（Plan, 以下P），実行（Do, 以下D），評価（Check, 以下C），改善（Action, 以下A）を循環させることでそれぞれの観点から業務を管理する。筆者自身，このプロセスの重要性を認識したのは社会人になってからであるが，PDCAサイクルの精度が仕事の質を決定しているといっても過言ではないほど重要であると今では感じている。スポーツ実践の場面では，高いパフォーマンスを発揮するために必要なプロセスは，選手がそれぞれ幾度となる Try & Error により独自の方法を確立していき，長い年月をかけてその精度を

図表6-4 スポーツの実践場面におけるPDCAサイクル

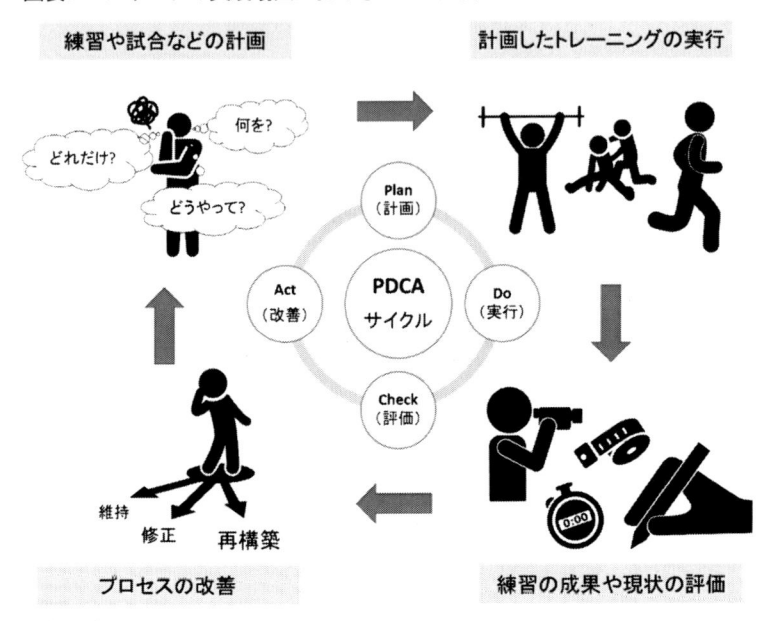

筆者作成

向上させている。競技に必要な要素を学び、過酷なトレーニングで自らを鍛え、繰り返す失敗と成功の中で、自分なりの方法を模索している。このような過程は，選手はもちろんのこと，指導者に関しても，指導や育成を行う際にはPDCAサイクルを活用しその質を追求するべきである。選手が実施するPDCAを管理すること，また、コーチング自体のPDCAを実施することで指導力を向上させていくことが期待される。しかしPDCAを実施する上で注意しなければならないのは，自己の経験や考え，間違った知識で主観的に実施しないことだ。このようなPDCAには，PDCA自体の効率を悪化させたり，プロセスを共有できない危険性がある。PDCAを実施する上でも，科学的な知見やパフォーマンスの理論を軸に客観的な視点を持つことは必要である。では具体的にPDCAサイクルがスポーツの場面でどのように活用されるべきかについて科学的な視点を用いて説明したい。

■ P—計画（Plan）

Pは，DおよびCをどのように実施していくかについての計画である。Pにおいて重要なことは，明確なゴール（目標）を設定すること，ゴールに至るプロセスを具体的にすることである。例えば，何か月後かの試合で自己のベスト記録を更新するという目標があるとすれば，試合に向けてトレーニングメニューを設定する必要があり，少なくともどのようなトレーニングに取り組み，強度や頻度をどのようにコントロールしていくかの計画は必須となる。そしてこのようにPを具体的に設定するためには，なぜ（目的），なにを（内容），いつ（時期や期間），どのように（手法），どのくらい（頻度や強度）について明確に設定するのが有効であろう。ただし大前提として，スポーツパフォーマンスの理論について深い理解があることが重要だ。高いパフォーマンスにはどのような体力が，技術が，心理が必要なのかを理解し，それらがどのような実行によって獲得出来るのか，またどのような手段で評価すれば目標を達成したことを確認できるかを理解している必要がある。正しい理論や明確な目的を設定することで，より効率的なPDCAサイクルを実施することが出来る。

図表6-5 計画（Plan）

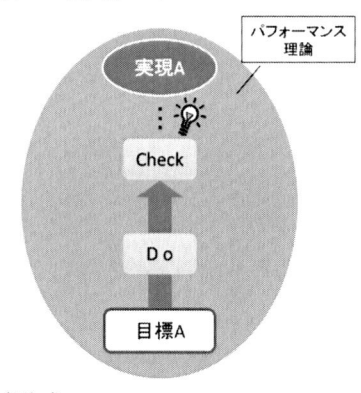

Do（実行）とCheck（評価）を
計画する上で検討する事項

・なぜ（目的）
・何を（内容）
・いつ/いつまで（時期/期間）
・どのように（手法）
・どのくらい（頻度/強度）

筆者作成

■ D—実行（Do）

Dはここでは主としてトレーニングの実施を意味する。トレーニングの本質は，パ

フォーマンスを構成する体力的，技術的，心理的要素のレベルをより高次へ引き上げることである。そのため，トレーニングの結果として各要素のレベルアップよりも疲労やダメージによるパフォーマンス低下が大きくなってしまうことは好ましくない。合理的なトレーニングを効果的な強度や頻度，また正しい動作でトレーニングに取り組み，怪我のリスクや疲労を可能な限り軽減しながら最大限の効果が得られるトレーニングを実施することが望まれるであろう。また，高いパフォーマンスを試合で発揮するには，自己の持つ体力を技術によって制御し，運動課題に応じた効率的な動作を発現させることが重要である。例えば，走幅跳の踏切では，助走速度を可能な限り減速させずかつ長い滞空時間を得ることが理想であるが，踏切時の姿勢や振り込み脚（踏切脚ではない方の脚）を素早く振り上げる動作などが重要となる。しかしこのような技術を，トレーニングで習得できていないにもかかわらず試合で体現するのは難しい。つまりトレーニングの目的の一つとして，高いパフォーマンスを獲得するために必要な技術を高いレベルで習得することだと考える。この「技術を高いレベルで習得する」とはどういうことであるのかについて説明をしたい。

　発達の段階には意識と能力に以下の5段階の過程が存在する。

1. 　無意識的無能（技術が体現できないかつ意識が向けられない）

2. 　意識的無能（技術は体現できないが意識は向けられている）

3. 　意識的有能（意識をすれば技術を体現できる）

4. 　無意識的有能（意識をせずとも技術を体現できる）

5. 　意識的無意識的有能（無意識的有能に対し意識を向けられる）

ここで技術のレベルは，1から5に向かって高次となるが，つまるところ自己の技術レベルをより高次に引き上げることがトレーニングの目的の一つと言える。

　4と5の違いについて筆者の意見を述べると，4は心理的あるいは身体的特徴などの要因から意識せずとも技術を体現できる場合があるが（俗にいう才能であったり素質のようなものと考えている），その要因が身体状況の変化や外的要因などに悪影響を受け体現することができなくなる（いわゆるスランプ）リスクを有する。これに対し，5は技術が体現できる要因に意識を向けられるため，様々なリスクに対応する術を準備することができる可能性があると考える。

図表6-6 実行（Do）

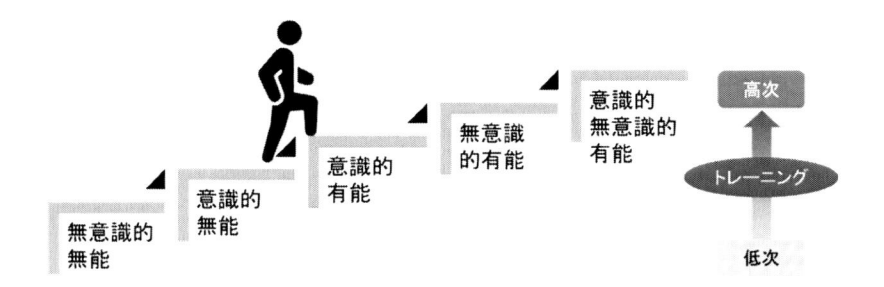

筆者作成

　このような高いレベルの技術を習得するためには，基礎的運動の反復や体力向上が必要であるのは言うまでもないが，いずれにしても合理的なパフォーマンス理論の下，合理的なトレーニングを実施することが重要だということは再度，主張しておきたい。

■ C－評価（Check）

　スポーツの場面におけるCは主に，パフォーマンスを構成する要因を評価し現状を客観視することが目的である。一般的に最も身近な評価はスポーツテストによる体力測定であるが，より専門的な機器を用いることでより限定した要因を測定することも可能であり，数値化された測定データによって自己の身体的特性や体力レベルを評価する。例えば，スポーツテストにおいて筋力は握力測定で評価されており，脚や体幹部など各部位の筋力について言及することはできない。握力測定では主に脚を使ったスポーツ（サッカーや陸上競技など）におけるパフォーマンスを決定する要因を評価することは困難である。主として脚を評価するスポーツにおいては，膝の曲げ伸ばし動作における筋力など部位を脚部に絞って評価するのがより有効である。また，このような測定に使用される専門機器は非常に高価であるために，できるだけ高価な機器を用いないフィールドテストの手法も多く検討されている。これらの測定は多くのスポーツで様々なレベルの選手を対象に検討され，それらのデータをもって客観性を保

証している。要するに，各スポーツにおいてパフォーマンスの要因を評価するには相応に妥当な評価方法を選択する必要がある。体力測定を一例に挙げたが，技術的要因や心理的要因に関しても同様に，様々な測定手法を用いて評価することが可能である。このようにして各スポーツに必要なパフォーマンス要因が検討されることでパフォーマンス理論が確立されている。

そして，PDCAを実施する上でのCの目的は，トレーニングの成果を評価し実行したトレーニングが有効であったかを確認することがメインとなるであろう。この場合，どのような手法で測定するかに加えて，いつ実施するかが重要であるため，実施するトレーニングの内容や試合シーズンとの兼ね合いを考慮し，計画の段階で検討することが望ましい。

■ A —改善（Action）

AではPDCの一連の過程を総合的に評価し，次なるPDCをどのように実施するかを検討する。具体的には，Cにおける評価が，Pで設定したゴールをどの程度達成しているかによってPDCを維持するか修正するか，もしくは全く別のプロセスに再構築するのかを判断する。例えば，パワー（力と速度の積で評価される）の向上を目的とし，ある一定の値を目標に設定していたとして，筋力は向上したが速度が低下し結果的にパワーが低下してしまった場合に，スピーディな動作のトレーニングが不足していたりトレーニングで使用する負荷（重さなど）が高すぎたかもしれない。そうした場合は，トレーニングの内容や負荷を検討し直すもしくは全く別のトレーニングに変更するなどの判断が必要である。このようにAでは，それまでのPDCを見直しその後のPDCの精度を高め，より効率的で合理的なプロセスを組み立てることで，スポーツのパフォーマンスを向上させていくことが要求される。

PDCAサイクルの流れとしては非常にシンプルで簡潔であるが，総じて重要だと言えるのは，合理的なパフォーマンス理論を軸に実施されているかということと，精度が向上しているかという観点を決して忘れないことである。そして前述した通り，選手が自身でPDCAを実施できるようになることが重要であるため，指導者は選手育成におけるPDCAを実施すると同時に，選手が自身でPDCAを実施しかつ精度を高めら

図表 6-7 改善（Action）

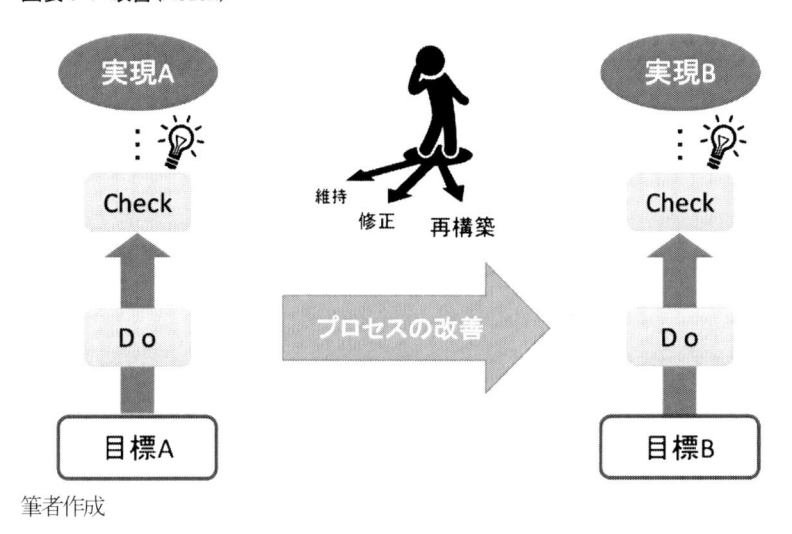

筆者作成

れるように指導をしていくことが要求される。

第4節　岐阜県の陸上競技界をサポートする

　第2節では岐阜県陸上競技界における問題点について，コーチング資源の中の「組織」と「情報」の視点から説明した。要約すると，組織として中学校の指導者と高校の指導者が連携を強める必要があること，科学的な知見に基づいたパフォーマンス理論などの情報を浸透させることを課題に挙げた。本節では岐阜県の陸上競技界における問題を改善するにあたり，岐阜県体育協会のスポーツ科学センターとしてどのように関与できるかについて検討する。

　岐阜県スポーツ科学センターの施設が，岐阜県の陸上競技界へ提供することができる資源は大きく二つある。まず一つ目に「もの」として測定機器の利用を挙げる。センターではスポーツ選手に対し，測定を実施することが出来るが，センターの施設内で行う体力測定に加え，グランドに出張して実施するフィールド測定も可能である。第3節で説明したように，体力測定には自己の特性やレベルを評価する目的と，実行したトレーニングの成果を検討する目的がある。陸上競技においては，短距離であれば

筋力やパワー，ジャンプ能力の測定を，長距離ならば全身持久力の測定を実施することが有効であろう。いずれの測定も一般的に提供される施設では利用が難しい機器を用いている。また陸上競技協会の強化部が定期的に実施しているコントロールテスト（グランドで行われるフィジカルテスト）においても，センターの測定機器を用いてより合理的な測定を実施することが可能となる。また，センターが実施するサポートの一つにスキルチェックが挙げられるが，スキルチェックでは特殊な機器を用いて各種目に必要な技術要因を評価するためのデータ（発揮した力の大きさや速度など）を提供することができる。このサポートは練習試技中の動作に限らず，試合試技中の動作を評価することも可能である。他にも，2017年から設置された低酸素室は，酸素濃度を調整し通常実施するトレーニングよりも高い負荷を身体にかけることができる設備であるが，これを陸上競技の選手が利用することは有効である。現在，県を挙げて力を入れている駅伝プロジェクトでは，都道府県対抗駅伝のメンバーを対象に低酸素室の継続的利用が検討されている。これらセンターが有する資源である「もの」を積極的に提供し活用することで，陸上競技界の発展に関与できるのではないかと考える。

　センターとして提供できる資源の二つ目に「情報」を挙げる。本章の中で既述した合理的なパフォーマンス理論や科学的な知見などの「情報」は，現在の岐阜県の陸上競技界に必要な資源の一つではないかと考える。第3節で説明したようにスポーツのパフォーマンスを向上させるためのPDCAを実施する上では，パフォーマンス理論や科学的な知見のような「情報」は非常に重要な基盤となる。PDCAの精度を向上させることや，トレーニングの手法，また体力や技術などの評価に関する情報を提供することで，それぞれの質を向上させることが出来るのではないかと考える。そして，このような「情報」を提供する機会を設け，合理的なパフォーマンス理論や科学的な知見を軸にした選手の育成を目標に，中学および高校の指導者がさらに連携を深めることが岐阜県の陸上競技界の発展につながると考える。

　まとめると，現在の岐阜県の陸上競技界の課題として中学校と高校の指導者が連携した「組織」的な育成に取り組むこと，合理的なパフォーマンス理論や科学的知見のような「情報」を取り入れた指導を実施することが挙げられ，岐阜県スポーツ科学セ

写真6-2　岐阜県スポーツ科学センターで実施されるフィットネスチェックの例

提供：岐阜県スポーツ科学センター

写真6-3　低酸素室

提供：岐阜県スポーツ科学センター

ンターからは測定評価やトレーニングに用いる「もの」や，「情報」を提供すること
によって岐阜県の陸上競技界の発展に貢献できる可能性がある。

参考文献

阿江通良（1992）「スポーツ技術の改善と計測」『計測と制御』第31巻3号，430-436項
榎本靖士 (2013)「長距離選手のランニングエコノミーに影響を及ばす体力および技術
　　的要因の検討」『筑波大学体育学紀要』第36巻，137-140項
Baechle, T.R. & Earle, R.W.（1994）, *Essentials of Strength Training and Conditioning*, Human

Kinetics.（金久博昭監修，岡田純一監修『ストレングストレーニング&コンディショニング NSCA決定版第3版』ブックハウス・エイチディ出版，2010年）

飯干明（2004）「走幅跳　より遠くへ跳ぶために」『科学』第74巻第6号，724-728項

西薗秀嗣（2004）『スポーツ選手と指導者のための体力・運動能力測定法　トレーニング科学の活用テクニック』大修館書店出版

内山治樹（2013）「コーチの本質」『体育学研究』第58号，677-697項

図子浩二（2010）「スポーツ選手や指導者に役立つ実践の学としてのコーチング学の一つの方向性」『スポーツ方法学研究』第23巻第2号，99-104項

図子浩二（2012）「体育方法学研究およびコーチング学研究が目指す研究のすがた」『コーチング学研究 』第25巻，203-209項

図子浩二（2014）「コーチングモデルと体育系大学で行うべき一般コーチング学の内容」『コーチング学研究』第30巻増刊号，137-149項

参考URL

岐阜県陸上競技協会(2017)　http://www.gifu-riku.com/（最終アクセス2017年12月28日）

岐阜県スポーツ科学センター　https://www.gifuspo.or.jp/zoneD/100/104-2.html（最終アクセス2017年12月12日）

公益財団法人日本オリンピック委員会（2012）『ロンドンオリンピック2012　実施：競技・種目比較』　https://www.joc.or.jp/games/olympic/london/event_compare.html（最終アクセス2017年12月31日）

日刊スポーツ『桐生ドロップキックで幅跳び2位/陸上』
https://www.nikkansports.com/sports/athletics/news/p-sp-tp0-20131108-1215215.html
（最終アクセス2017年12月28日）

第 7 章　小学校体育科教育の現状と課題

第 1 節　小学校教師を目指したきっかけ

(1)　教育への興味

　「小学校時代の先生に憧れて，小学校の教師になろうと思いました。」，「中学校のときの部活動の先生のおかげで今の自分がいます。だから，自分も教師になって部活動でチームや子どもたちを強くしたいと思います。」

　教師を目指そうと思っている者は，このような経験や考えがある者も少なくないのではないだろうか。筆者も，中学・高校時代の部活動の先生に憧れ，教師を目指すこととなった。そのため，高校 3 年生の進路を決める時は，中学や高校の体育の教師となり，部活動指導に勤しみたいと考えていた。

(2)　大学での学び－学部生－

　受験を乗り切り，筆者は岐阜大学の教育学部保健体育講座へ入学することとなった。学生生活においては，日中は授業へ出席し，授業が終われば部活動へ行くなど，おそらくどこの大学の学生とも変わらないような生活をしていた。

　しかし，入学したばかりの学生生活の中で，唯一他の学生と異なったのが，ゼミナール（以下：ゼミ）への参加であった。ゼミは，基本的に 3 年生から入ることになっていたのだが，部活動（水泳部）の顧問が保健体育講座の先生であったこともあり，この先生のゼミへ 1 年生から参加させてもらった。ゼミ活動は，週に 1 度ゼミ生が集まり， 1 名もしくは 2 名の学生が興味ある事柄に関して，パワーポイントを用いて持ち回りで発表をするというものであった。

　いざ先輩方の発表を聞くと，教育学やスポーツ科学についてなど，当時の自分にはさっぱり分からないことばかりであった。しかも当時は，一番下の学年の者が最初に質問をするという課題があったため，発表を聞いて自分なりに解釈をし，質問をしなければいけなかった。

　そして，筆者が発表をする番となり，いざ発表資料を作ってみようとすると，情報収集の仕方，パワーポイントの使い方，資料の見せ方，発表の仕方など分か

らないことばかりであった。そのため，色々な参考書を見たり，インターネットで検索したり，先輩に聞いたりするなど自分から学んでいくしかなかった。

今考えると，この1年生でのゼミへの参加が，その後の学びの基礎となり，『自分から学ぶことの重要性』や，『自分が知らないことについて学んでいくことの面白さ』に気づかせてくれた。

(3) 大学での学び－院生－

大学で，学ぶことの重要性や面白さを感じると，さらに学びたいと考えるようになり，大学4年生の時には，大学院に行きたいと考えるようになった。

大学院へ入学すると，研究についてより深く学ぶこととなり，科学的根拠をもって物事を解釈していく大切さも学ぶことができた。さらに，学会発表や論文作成など，他大学の先生方や学生と意見を交流する機会が増え，学ぶ世界が広がったことが学部生の頃とは大きな違いであった。

さらに，ゼミ活動においても変化があった。それは，学部生の頃よりも幼稚園や小学校といった外部へ出ていき，実際に現場での指導をするようになったことである。この経験はとても大きく，現場の子どもたちや教師と関わるようになったことで，現場で求められることや，教師や子どもたちの現状を机上のみではなく，肌で感じることができるようになった。

(4) 小学校教師を目指す

先にも述べたように，筆者は高校当時，中学・高校の教師を目指そうと考えていた。しかし，いつしか小学校教師を目指そうと考えるようになった。その理由として，学生時代に大きく3つ，「動き作りの最適な時期」，「幼少年期の運動遊びの重要性」，そして「体力・運動能力の持ち越し効果」について学ぶことができたからである。

Scammon（1930）の発育曲線において，神経型（脳・脊髄・神経系・感覚器系などのことを指している）は，2・3歳頃から急激に伸び，10歳頃までには成人のほぼ100％のレベルまで発達するとある。そのため，神経系に関わる平衡性，

協応性，敏捷性といった様々な動作を習得するためには，幼少年期が非常に重要である。また宮下（2007）は，各種運動能力を構成する器官・機能はそれぞれもっとも発達する時期があり，児童期までの動作の習得が重要であることを指摘している。このように，幼少年期の運動の基本，運動発達の特徴を考慮すれば，幼児期の運動遊びと小学校低学年の体育の活動はまったくかけ離れたものではなく，むしろ同様の活動，延長の内容になる（吉田，2016）。そのため，幼少年期には，身体を用いた運動遊びが重要である。

　この「幼少年期の運動遊びの重要性」については，文部科学省から出されている幼児期運動指針（2014）においても，幼児期に運動をすることで，体力・運動能力の向上のみでなく，意欲的な心や社会適応能力，認知的能力も発達すると言われており，その重要性が理解できる。

　そして，運動遊びをすることで必然的に身体活動量は増加するが，この身体活動量が大人の健康状態にも影響することが知られている。身体活動と健康状態の持ち越し効果について，Boreham & Riddoch（2001）は，子ども時代の身体活動や健康は，大人になってからの身体活動や健康に影響を及ぼすと述べている。すなわち，子ども時代の身体活動は，体力・運動能力を向上させるばかりか，大人になってからのライフスタイルや健康に影響すると考えられる。また，体力・運動能力の持ち越し効果について，春日他（2016）は，幼児期と児童期後期の関連能力・機能を比較したところ，男児の体力総合は高い関連があり，女児の体力総合は中程度の関連があったと報告している（図表7-1）。

　このように，幼少年期に動作や体力・運動能力を向上させてあげることで，その後の人生にも影響を及ぼすことを大学・大学院のゼミ活動や研究，そしてゼミの先生を通してより深く学ぶことができた。これらのことから，この重要な児童期に遣り甲斐があると感じ，筆者は中学・高校の教師ではなく，小学校教師として励みたいと考えるようになり，その道を選択することとなった。

第2節　岐阜県における小学校体育授業実践の取り組み

　上記の過程を経て，筆者は小学校教師になったが，体育授業を実践していく中

図表 7-1 体力テスト関連能力・機能項目における年長児と小学 6 年時間の相関係数

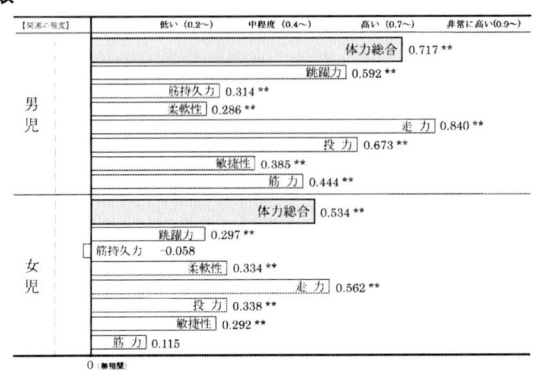

出典：春日他（2016），333 頁

で，筆者なりの成果や課題が出てきた。そこで第 2 節では，過去の体育授業はどのようなことがなされていたのかを取り上げ，筆者自身の体育授業実践との比較，そして現在の岐阜県全体で行われている体育に関する取り組みについて見ていこうと思う。

(1)「偶土会（ぐうどかい）」における研究のあゆみ

さて，岐阜県ではこれまで「偶土会（毎月，偶数土曜日に会がもたれたことから，昭和 29 年に命名された）」という民間団体が体育授業づくりの研究をしてきた経緯がある。そこで，「偶土会」がどのような取り組みを行ってきたのか，『改訂版　授業の「しくみ」を中心とした体育授業課程の研究：新学力をふまえた体育科教育の研究』(1995) より抜粋する。なお，「偶土会」の研究実践は大まかに 3 期に分けることができるため（岩本，2008），「偶土会」が行った体育授業研究の取り組みについて時期ごとに紹介していく。

第 I 期：運動技能における指導過程の研究

第 I 期の研究は，運動の上達の道筋を段階的にとらえ，それぞれの段階における指導内容を明らかにすることであったとされる。なかでも，従来の指導過程で

あった「部分→全体（基礎→応用→ゲーム）」より「全体→部分（ゲーム→応用→ゲーム）」のほうが効果的であることを比較実験により実証したことが画期的であったと岩本（2008）は述べている。この研究の代表として，中学生を対象とした研究実践がある。

種目：バスケットボール　　対象：中学1年男子　123名　4クラス

期間：昭和34年10月〜12月　5週（15時間）

方法：(1) 従来の「基本→応用→ゲーム」の順序で指導する方を「Ⅰ型」とし，これに2クラスあて，新しい「ゲーム→応用→ゲーム」の順序で指導するもう一方を「Ⅱ型」とし，これにも2クラスあてる。

(2) 次に示すような指導計画に基づいて授業を進める（図表7-2）。

(3) 15時間終了後，両型による対抗試合を行い，次の2点を比較する。

①試合の結果－勝敗数

②ゲーム内容（パス数，パスミス数，ドリブル数，ドリブルミス数，ルーズボールの処理数，シュート成功数・不成功数，有効プレー（パスが3回以上通った場合）数，ボールキープ時間）

図表 7-2　指導計画（大筋のみ）

種類	段階	1	2	3	4	5	6	7
部分↓全体（Ⅰ型）	指導内容	計画	パス	ドリブル	ピボット	シュート	フォーメーション	ゲーム
	時間	1	2	2	2	2	3	3
全体↓部分（Ⅱ型）	指導内容	計画	問題発見のゲーム	防御に5をつけた制限5	43||32	22||21 基本	55||45	ゲーム
	時間	1	2	2	2	3	2	3

※Ⅱ型の指導内容は，ゲーム中の部分や要素を洗練するといっても，まだその押え方がはっきりしていないので，ゲームに近い形で，応用，基本を盛り込むことにした。

出典：偶土会（1995），124頁を基に筆者が一部改変

結果および考察：

両型による対抗試合の結果，Ⅱ型が 7 勝 2 敗で優位であった。またこの研究で重要視されたのが単に勝敗数のみでなく，「練習してきたことが生かされたかどうか」であった。対抗試合のゲーム内容は図表 7-3 に示した通りである。

　パスに関しては，Ⅱ型の方がよくボールを回しており，パス成功率もⅠ型81％，Ⅱ型 84％であった。有効プレー数も考慮すると，Ⅱ型の方がうまく渡されていることが分かる。ドリブルに関して，この表では分からないが，ドリブルをした人数はⅡ型の方が多い。つまりⅠ型は少ない人数（というよりワンマンプレーヤー）がドリブルでもっていき，失敗しているケースが多い。ルーズボールの処理に関しては，Ⅱ型が多いが，これはⅡ型の方がゲーム場面の判断が素早く的確であることを示すものである。シュートに関して，シュート総数は，Ⅰ型が多いが，成功率はⅠ型 14％，Ⅱ型 22％とⅡ型の方が高い。これは，Ⅱ型では，パスで回してからシュートを打つという姿が見られたが，Ⅰ型では，ワンマンプレーヤーがドリブルをしていって強引に打つというパターンが多かったことが原因だと考えられる。そして，ボールキープ時間に関しては，Ⅰ型は，ワンマンプレーヤーの長いドリブルにみられるように，ある限られたメンバーによるキープ時間であったが，Ⅱ型は比較的よくボールを回しており，限られたメンバーによるものではなかった。

図表 7-3　ゲーム内容

内容	パス（回）	パスミス（回）	ドリブル（回）	ドリブルミス（回）	ルーズボールの処理の（回）	シュート		有効プレー（回）	ボールキープ時間の（秒）
						成功（回）	不成功（回）		
Ⅰ型	114	26	51	18	25	8	49	6	7.56
Ⅱ型	147	28	42	9	38	11	38	13	7.47

出典：偶土会（1995），124 頁を基に筆者が一部改変

　このように第Ⅰ期の研究は，「どのような授業を行えば運動技能がより向上するか」ということに主眼をおいて研究実践を行ってきた。そして，これらの研究

結果から図表 7-4 のように基本的な指導過程の枠組みとして，部分技術は常に全体技術（全体としての運動ぶり・動きぶり）との関連で考えられた。

図表 7-4　基本枠－基本的指導過程

運動の上達	段階	(それらしく)　　　　　　(それらしく)(どうにか) できない ⟶ できる ⟶ うまくできる ⟶ 力強くできる		
	すがた	(ばらばら――― まとまる ――― リズミカル ――― ダイナミック)		
指導内容		・**全体**を行って（動きの要領）をおぼえる ・部分は主として全体の中で（全体への方向づけの指導）	・**部分**（技術）をとり出して練習し ・それを全体に返す	・全体練習，部分練習をやりながら ・**基礎体力**増強のトレーニングを行う

出典：偶土会（1995），108 頁を基に筆者が一部改変

第Ⅱ期：集団発達における指導過程の研究

　第Ⅱ期は特に，体育授業課程における運動の側面に，集団的側面を加え統合した指導過程の研究であったとされる。岩本（2008）は，この第Ⅱ期の研究は，運動の発展と集団の発達を融合させ，「課題・役割・きまり・仲間」の観点から，それぞれの段階における目標や指導内容を明らかにしたと述べている。以下 4 点が研究の結果，明らかになったとされている。

1. 課題に関する研究－個人種目における集団課題のもち方　＜小学校＞

　小学 4 年生を対象としたとび箱運動（開脚のとびこし）の事例的実証結果から，メンバーの技能成果をまとめた「グループ成績」を提示することは，集団課題を顕在化して学習効果（技能面）を高める有効な方法であることがわかった。

2. 役割に関する研究－未発達な集団におけるリーダーのしくみ方　＜小学校＞

小学 6 年生を対象とした走り幅とびの事例的実証結果から，リーダーの仕事のやり方を具体的に指導すると，リーダーの働きが高まって集団活動が活発になり学習効果があがることが実証された。

3. きまりに関する研究－発達段階に応じたきまりのもち方　＜中学校＞

とび箱運動（開脚とび越し，閉脚とび越し）の単元において，中学 1 年男子を対象として，維持段階のきまり（集合を早く，全員で準備，行動をともに）をもつ実験学級と融和段階のきまり（友達に聞く，教え合う，励まし合う）をもつ対象学級の集団活動と学習効果について比較検討を行った。

この結果，中学校 1 年の初期は「維持段階のきまり」をもたせて集団学習のやり方を強化すると，集団活動が活発化して凝集度が高まることが分かった。したがって，中学校 1 年の初期においては，中学校の段階にあるとしていきなり「融和－団結段階のきまり」をもたせても効果がうすいため，「融和－団結段階のきまり」は，「維持段階のきまり」が身についてから行うと良い。

4. 協力活動に関する研究－ハードル走におけるペア活動のすすめ方 ＜中学校＞

ハードル走の単元において，中学 1 年女子を対象として，ペア活動をしくむ実験学級とペア活動をしくまぬ対象学級の相互援助活動と学習効果について比較検討を行った。

この結果，ペア活動をしくむ学級はコミュニケーションの内容に「助言」発言が多く，下位層の記録に著しい伸びがみられ，集合・準備などの「きまり行動」が敏速に行われた。したがって，ハードル走におけるペア活動の有効性を大まかに実証することができたと考える。

これらが，第II期の代表的な研究結果である。そして，これらの知見から，種目による特性や発達段階によって具体的な課題の立て方，グループのくみ方，役割のしくみ方，きまりのもち方，集団で学習するための配慮事項が提示されることとなった。

第Ⅲ期：学習のメカニズムを視点に個に応じた指導過程の研究

　第Ⅲ期の研究について岩本（2008）は，第Ⅲ期は，子どもが運動を身につけていく内的機制（学習課題をどう受け止め，それにどう取り組もうとし，つき当たる問題にどう対処し，学習課題をどう身につけていくのか）のメカニズムを明らかにし，その視点から個々の子どもの資質に応じた指導のあり方を導いたと述べている。偶土会は，この個々の内的機制について，『直観実行型』と『慎重思考型』の2つに大別した。『直観実行型』とは，どちらかといえばひらめきによって理解したり躊躇なく練習（行動）するタイプであり，それに対して『慎重思考型』は，どちらかといえば理由を考えながら理解したり，納得した上で練習（行動）したりするタイプであると述べている。

　この『直観実行型』と『慎重思考型』の違いに応じた指導の授業研究の代表として，中学1年男子の跳び箱「閉脚跳び」の単元が行われた。そして，この研究では，①課題の受け止め方，②学習意欲，③つまずきへの対処の仕方，④運動習熟の結果において対比がなされた。その結果，『直観実行型』は跳び箱が縦向きの5段を跳び越すことができたが，『慎重思考型』は補助があっても跳び越すことができなかった。このような結果となった直接の原因は練習回数の差であり，1時間の練習回数は『慎重思考型』は『直観実行型』と比べ約半分であったと報告されている。そのためこの授業から以下2点が実証された。

・運動習熟のみちすじのうち「できない」から「できる」までの初歩的段階では，慎重思考型の生徒には，運動の部分把握に起因するつまずきが生じやすいこと
・それを補うためには，運動の全体をイメージした練習を繰り返してさせることが必要であること

　これらのことから，「偶土会」は慎重思考型の欠陥を補う具体的な手立てを確かにすることができた。

　なお，「偶土会」は2014年度に解散されたが，現在岐阜県は偶土会の財産と融合させた体育授業づくりを目指していると佐藤（2015）は述べている。そこで，現在岐阜県の小学校体育ではどのような実践が行われているか，筆者の実践を踏

まえて紹介する。

(2) 小学校体育の実践事例（G 小学校の事例から）

　本実践は，筆者が教師 1 年目で研究授業として第 2 学年を対象として行った授業実践である。

　本単元は，学習指導要領の内容 B「器械・器具を使っての運動遊び」を受けて設定した。様々な器具や用具を使った動きに取り組むことで，それぞれの器械・器具の条件のもと，支持，ぶら下がり，振動，手足での移動，逆さ姿勢，回転などの動きを経験し，運動コントロール能力を養い，中学年および高学年における「器械運動」の基礎的な動きを育成したいと考えた。

　さらに，第 2 学年になるまでに子どもたち一人ひとりで運動経験が異なっていることから，ある動きに対する恐怖感や取り組み方は，子どもたちでそれぞれ違う。このようなことから，だれでも楽しく，意欲的に取り組むことができるように様々な場で様々な動きが経験できるような場を設定した。

　そして，小学校学習指導要領解説体育偏（2008）に，「だれとでも仲よし」は，順番やきまりを守って仲よく運動をしたり，協力して仲よく勝敗を競ったりするなどの育成を目指したものであると記してある。そこで，子どもたち同士で学び合いや，動きについて伝え合いができるように「グッ」や「バンッ」といったリズム言葉で主となる動きを説明させたいと考えた。

単元名：ウルトラチャレンジランド　　対　象：2 学年（男子 15 名，女子 13 名）
単元の目標：

技　能：様々な場で，回転系や倒立系，切り返し系の技につながる基礎的動きを身に付けることができる。
態　度：きまりを守って仲よく運動をしたり，場の安全に気を付けたりしながら取り組むことができる。
思考・判断：友達のよい動きや自分なりのできるコツや感じを見つけたりしながら，よりよい動きを追求することができる。

単元の展開：

<table>
<tr><td>第 1 時：いろいろな場で，様々な動きをすることができる。</td></tr>
<tr><td>第 2 時：ステージコースで，助走から両足で踏み切り，高さのある所に跳び乗り，膝をやわらかく使ってピタッと着地することができる。</td></tr>
<tr><td>第 3 時：でこぼこ（マット）コースで，手のひら全面で両手着手をし，身体を丸めた前転がりができる。</td></tr>
<tr><td>第 4 時：てつぼうコースで，倒立姿勢になり，まっすぐな状態のまま身体を倒すことができる。</td></tr>
<tr><td>第 5 時：とびこし（跳び箱）コースで，助走から両足で踏み切って，腕支持をしながら身体の移動があるまたぎ越しができる。</td></tr>
</table>

1 時間の授業の流れ：

<table>
<tr><td>＜計画会＞ 本時の課題について確認をする。</td></tr>
<tr><td>＜前半活動＞ 本時の課題を踏まえながら，各サーキットコースに取り組む。</td></tr>
<tr><td>＜中間研究会＞ 本時の課題で，動きが高まっている児童の動きを観察し，大切なことについて共通理解する。</td></tr>
<tr><td>＜後半活動＞ 中間研究会で確認したことを意識しながら，各サーキットコースに取り組む。</td></tr>
<tr><td>＜発表会＞ 後半活動で高めた動きを全員で見届ける。</td></tr>
<tr><td>＜全体反省会＞ 本時，挑戦してできるようになったことや高まったことを振り返る。</td></tr>
</table>

※　1 時間毎に授業の流れが変わってしまうと，児童が困惑してしまい，説明も長くなってしまうため，第 1 時で 1 時間の授業の流れを確認し，課題（コース）が異なっても同じ流れで行うようにした。

サーキットコース：

　グループを 6 つ（生活班）に分けたため，全グループが一斉に活動できるよう，6 つのコースを考案した。以下に各コースで養いたい感覚について記していく（写真 7-5，図表 7-6）。

ターザンコース…ターザンロープを使って，身体を振るスイング感覚を養う。

鉄棒コース…低鉄棒を使って，逆さになり腕支持を保つ感覚を養う。

跳び越しコース…跳び箱を使って，両手で支持してまたぎ越す感覚を養う（本授

業では開脚跳びを行った）。

でこぼこコース…マットを使って，前転がりや後ろ転がりの感覚を養う。

ステージコース…ステージを使って，両足踏切と高いところから跳び下りる感覚
を養う。

川わたり＆クライミングコース…川わたりでは，マットとフラフープを使って両
手で支持して横跳び越しの感覚を養い，クライミングコースでは，肋木とフラフ
ープを使って登り下りや渡り歩きの感覚を養う。

写真 7-5　各サーキットコース

ターザンコース　　　　　鉄棒コース　　　　　　跳び越しコース

でこぼこコース　　　　　ステージコース　　　　川渡り＆クライミングコース

出典：筆者撮影（2016）

図表 7-6　サーキットコースの配置図

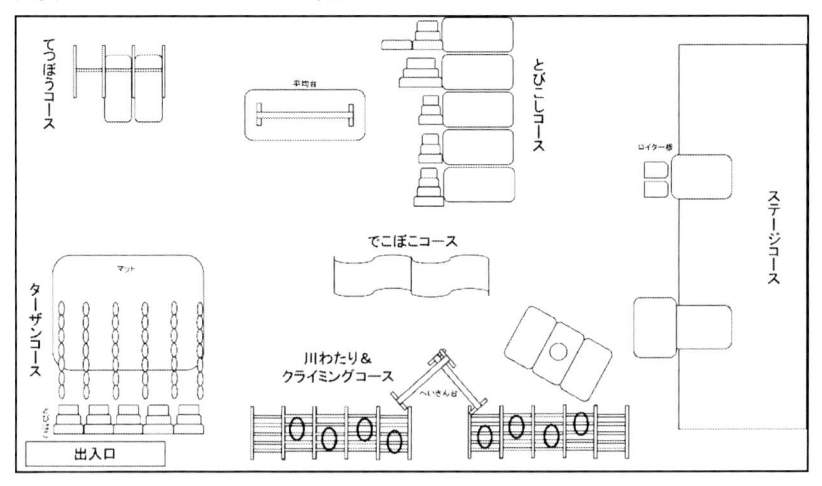

出典：筆者作成

指導案：

　上記のように,「この単元 (授業内) では,このような感覚を養ってあげたい」というねらいのもと,環境の設定 (器具の配置や用具の扱い方) を行った。そして,この単元構想に基づき,1 時間の指導案を図 7-7 のように作成した。

図表 7-7 跳び越しコース授業時の指導案

場	学習内容	学習活動	教師の指導・援助
計画	●仲間と協力して準備をすることができる。	1. 準備・あいさつを行う。 グループで決められた器具や用具を準備する。	●グループの仲間と協力して準備をしている姿を価値付ける。
	とびこし コースに ちょうせんして ウルトラチャレンジランド名人になろう。		
展開	○両足踏み切りと手の支えを意識したまたぎ越しをすることができる。 ●グループで順番を守って練習することができる。 ○仲間の動きを見て，両足踏み切りからまたぎ越しを理解することができる。 ◎自分なりのコツや感じを見つけたりしながら，よりよい動きを追求することができる。 ●友達同士で声をかけ合いながら練習をすることができる。 ●本時学んだことを意識して，意欲的に取り組むことができる。	2. 前半活動を行う。 サーキット形式で，6つの場を回りながら，とびこしコースの場では，またぎ越しに挑戦することができる。 「踏み切りの仕方は，ステージコースと同じようにすればいいんだ。」 「着地はピタッと止まるとかっこいいな。」 3. 中間研究会を行う。 本時の課題で，両足踏み切り→両手着手→両足着地のまたぎ越しをするために，動きが高まっている児童の動きを見て，大切なことを確認する。 また，その動きに挑戦しようという意欲をもつ。 「『タタタタッ バン グッ ピタ』のリズムで跳べばいいんだな。」 4. 後半活動を行う（真似をする）。 サーキット形式で，6つの場を回る。 とびこしコースの場では，中間研究会で学んだ両足で踏み切って体を支えながらまたぎ越しをする動きに挑戦する。 「またぎ越すためには，両手着手のときのグッを強くしなければいけないな。」	○前時学んだことを思い出させながら，動きの修正をしていくよう助言する。 ●積極的にアドバイスしている姿を認め，価値付ける。 ●仲間のアドバイスを受け，積極的に練習しようとしている姿を認め，価値付ける。 ◎仲間の示範を見て，よい動きを見付ける場を位置付ける。その際，動きとそのリズムを見付けることができるように見る視点を明確にする。 「○○さんの足と手に注目してね。」 「どんなリズムで跳んでいたかな。」 ○動きにつまずきが見られる児童には，リズムに合わせて動くように助言したり，よりよい動きになるように補助したりする。 ◎自分の動きを言葉で表すことができるような言葉かけをする。 ●友達同士で教え合いをしている姿を価値付ける。 評価基準【技能】 　助走から両足で踏み切って，腕支持をしながら身体移動したまたぎ越しができる。
評価	●友達の動きの良いところを認めることができる。 ◎本時学習した動きについて，できたコツや感じを振り返ることができる。	5. 動きを見合う 後半活動で高めた動きを全員で見届ける。 「○○さんのまたぎ越しが大きくて良かったな。」 「私は，両足踏み切りから両手着手をしたら，より力強く跳ぶことができたよ。」	●積極的に仲間と交流していたグループを取り上げ価値付ける。 ●リズム言葉を言いながら組んでいる姿を価値付ける。 ◎自分の動きを高めるために，動いて得た体感と追求した過程とをつなげて振り返る姿を価値付ける。

出典：筆者作成

結果：

　跳び越しコース授業時は，本単元の最後の授業ということもあり，子どもたちはステージコース，でこぼこコース，鉄棒コースで学んだリズム言葉を用いて，各動きに取り組んだり，教え合いをしたりしていた。そして，本時の跳び越しコースでは，ある子どもの動きの姿から開脚跳び成功のためのリズム言葉を「タタ

タタットン ヒュッ ピタッ にしよう」という意見で共通理解することとなった。また，子どもの意見から「タタタタットン まではステージコースと一緒だね」という気づきや，「ピタッ は，両足でしっかりと着地をすると格好良いね」という部分技術についても，子どもの意見で話し合うことができた。

授業後の研究会においても，授業参観者から，「リズム言葉を用いたことで，動きが明確になり，中間研究会以降，子どもたちも正しい動きになったり，見ている子たちが声かけをしやすくなったりしていた」や「リズム言葉があったことで見る側もやる側も評価がしやすかった」という意見があった。

課題点として，「このような授業は，先生の目が行き届きにくい」ことや，「低学年では，そこまで技能を求めなくても良いのでは」という指摘がなされた。

このように，本実践では，子どもの動きや姿，筆者（教師）の指導方法等，様々な視点から成果や課題を見ることができた。筆者は当時，「偶土会」の研究を意識して行ったわけではなかったが，筆者の実践を「遇土会」が取り組んできた研究の観点から再評価するならば，筆者の実践は，「全体として開脚跳びの動きの要領を覚え→踏切の仕方や着地の仕方を確認し→練習を行いながらうまくできるようになる」という「全体→部分→全体」の形が出来上がっていたのではないかと捉えられよう。

(3) 岐阜県小中学校教育研究会　小学校体育科研究部会の取り組み

（2）では，筆者の個人としての実践を見てきたが，（3）では岐阜県としての体育はどのような取り組みをしているか見ていく。現在，岐阜県には「岐阜県小中学校教育研究会」という研究団体が存在している。これは，「小中学校の教育に関する研究を進め，岐阜県の教育の振興を図る」ことを目的に結成され，教科・各種教育・管理経営に関する 29 の部会を持ち，郡市 30 支部に分かれ数多くの教職員が主体的な活動を行うことで，岐阜県の教育研究の中核的推進母体としての役割を果たしている（岐阜県小中学校教育研究会，2017）。そして，この研究団体の中の組織である「小学校体育科研究部会」では毎年，夏季ゼミナールとして，

各地区（岐阜地区／西濃地区／美濃地区／加茂地区／東農地区／飛騨地区）や各領域（走・跳の運動，陸上部会／器械・器具を使っての運動遊び，器械運動部会／体つくり，水泳部会／表現・リズム運動部会／ゲーム・ボール運動（ゴール型）部会／ゲーム・ボール運動（ネット型）部会／ゲーム・ボール運動（ベースボール型）部会／保健部会）の実践報告会を行っている。さらに，図表 7-8 のように各時期で研究主題を設定し，その主題に基づいて実践，検証を行っている。

このように，「遇土会」が解散しても，このような研究部会は現在も続いている。そのため，本節で取り上げた「遇土会」と筆者の実践においてつながりを見出せたように，「遇土会」の財産と現在の体育授業をうまく融合させた体育授業づくり（佐藤，2015）に取り組んでいくことが望ましいのではないだろうか。

第 3 節 岐阜県における教員養成の現状

第 2 節では，岐阜県における小学校体育授業実践について述べた。そこで第 3 節では，その小学校体育を担う教師に視点をうつし，岐阜県における教員養成についての現状を見ていく。

（1）岐阜県内における教員免許状取得の現状

現在，岐阜県で小学校教諭免許状，中学・高校の保健体育の教諭免許状を取得することができる大学は図表 7-9，図表 7-10 の通りである。特に小・中・高の一種免許状を同一大学で取得できるのは，岐阜大学，岐阜聖徳学園大学，中部学院大学となっている。さらに，同一学部に所属して小・中・高の一種免許状が取得できるのは岐阜大学と岐阜聖徳学園大学の 2 大学のみとなっており，専修免許状の取得になるとより少なくなる。特に岐阜県内で小学校の専修免許状も取得し，中学・高校の保健体育の専修免許状も取得可能なのは，岐阜大学のみであるということが分かる。

また，岐阜県内の学校現場では，小学校－中学校間の教師の行き来がある（例：小学校に 3 年間勤めた後，中学校に 3 年間勤める　等）ため，小学校および，中学・高校の保健体育についても学びたいと考える者は，これらのことも考慮に入

図表 7-8　小学校体育科研究部会年表

年		研究会等主な活動
昭和	34	○会長が体育指導の方向を発表し，発表する。（8月23日，岐大附属）
	35	○基礎体力を伸ばす体育指導（10月19日，白山）
	36	○授業を中心に（10月19日，下呂）
	37	○教科研究協議会（2月7・8日，岐大附属）
	38	【体育学習におけるつまずきと指導】（11月6日，山王）
	39	【体育学習におけるつまずきと指導】（7月16日，川合） ○研究団体教科研究会（2月10日，岐阜市）
	40	【運動技能の発展に応ずる指導過程の確立とその指導】（2月16日，下石）
	41	○第5回学校体育研究大会 【運動技能の効果的な指導はどのようにしたらよいか】（11月17日・18日，岐阜市）
	42	○大垣大会（11月21日，小野）
	43	○加茂大会（加茂郡）
	44	○飛騨大会（10月31日，北）
	45	【体育の本質に根ざす学習指導の在り方】○教科研究協議会（8月4日・1月20日，岐大附属）
	46	○美濃地区大会（長瀬・八幡・下有知）
	47	○研究協議会（年間2回）
	48	○研究協議会（年間2回）
	49	○研究協議会（年間2回）
	50	【教材内容の精選を目指した授業の構造】○研究協議会（年間2回）
	51	○夏季ゼミナール
	52	○夏季ゼミナール　○第1回岐阜地区大会（10月28日，岐大附属・川島・那加第二・高富・北方）
	53	○夏季ゼミナール　○教科研究協議会
	54	○第2回東濃地区大会（11月2日，精華・駄知・瑞浪・大井）
	55	【一人一人が力を伸ばす体育の授業の創造】
	56	○第3回西濃地区大会（11月，大垣北・中川・結・府中）
	57	○夏季ゼミナール　○教科研究協議会
	58	○夏季ゼミナール　○研究協議会
	59	○第4回飛騨地区大会（10月31日，清見・新宮・国府）
	60	○夏季ゼミナール　○第5回可茂地区大会（11月12日，太田・坂祝・伏見・今渡南・南帷子）
	61	【一人一人が力を伸ばす体育の授業の創造】 ○夏季ゼミナール　○教科研究協議会（2月5・6日，岐大附属）
	62	○夏季ゼミナール　○研究協議会（2月6日）
	63	○第6回美濃地区大会（10月19日，美濃・南ヶ丘・桜ヶ丘・古田・下之保）
平成	1	【一人一人が力を生かす体育の授業の創造】　○夏季ゼミナール　○研究協議会（2月3日）
	2	○夏季ゼミナール（各務原市）　○教科研究協議会（1月31日，岐大附属）
	3	○夏季ゼミナール（高富町） ○第7回岐阜地区大会（10月23日）
	4	○夏季ゼミナール（高富町）　○研究協議会（2月2日）
	5	○夏季ゼミナール（瑞浪市）　○研究協議会
	6	○夏季ゼミナール（瑞浪市）　○第8回東濃地区大会（10月31日）
	7	【一人一人が主体的に学び，仲間とともにできる喜びを生み出す体育授業の創造】 ○夏季ゼミナール（高富町）　○教科研究協議会（2月14日，岐大附属）
	8	○夏季ゼミナール（大垣市）　○研究協議会（2月12日，岐大附属）
	9	○夏季ゼミナール（墨俣町）　○第9回西濃地区大会（11月8日，大垣北・宇留生・福束・揖斐・垂井・海西）
	10	○夏季ゼミナール（岐阜市）　○研究協議会（2月3日，附属）
	11	○夏季ゼミナール（美濃加茂市）　○研究協議会（2月16日，長良西）
	12	○夏季ゼミナール（美濃加茂市）　○第10回可茂地区大会（11月10日，加茂野・広見・春里・兼山・和知・川辺西）
	13	【仲間とともに運動の楽しさを主体的に学ぶ体育授業の創造】 ○夏季ゼミナール（岐阜市）　○研究協議会（2月6日，長良東）
	14	○夏季ゼミナール（高山市）　○教科研究協議会（2月5日，岐大附属）
	15	○夏季ゼミナール（岐阜市）　○第11回飛騨地区大会（11月14日，高山北）
	16	【運動の楽しさや喜びを味わう授業の創造】 ○夏季ゼミナール（岐阜市）　○教科研究協議会（1月27日，岐大附属）
	17	○夏季ゼミナール（岐阜市）　○研究協議会（1月27日，加納）
	18	○夏季ゼミナール（岐阜市）　○第12回美濃地区大会（10月31日　関市：富岡小，下有知小）
	19	○夏季ゼミナール（岐阜市）　○研究協議会（1月29日，長良）
	20	○夏季ゼミナール（岐阜市）　○研究協議会（1月30日，岐大附属）
	21	○夏季ゼミナール（岐阜市）　○第13回東濃地区大会（11月5日，瑞浪市：瑞浪小，多治見市：滝呂小）
	22	【運動の楽しさを味わう体育学習の創造】 ○夏季ゼミナール（岐阜市）　○研究協議会（1月26日，長良西）
	23	【運動の楽しさを味わう体育授業の創造】 ○夏季ゼミナール（岐阜市）　○教科研究協議会（1月27日，岐大附属）
	24	○夏季ゼミナール（岐阜市）　○第13回西濃地区大会（11月1日，大垣市：興文小，安八郡：神戸小） （※　全国学校大会研究大会岐阜大会プレ大会）
	25	【仲間と共に運動の楽しさや喜びを味わう体育授業の創造】 ○夏季ゼミナール（岐阜市）　○研究協議会兼全国学校体育研究大会プレ大会（11月7日，岐大附属）
	26	○夏季ゼミナール ○第53回全国学校体育研究大会　岐阜大会（11月6・7日） 大会主題：生涯にわたって運動に親しみ，明るく豊かな生活を営む資質や能力を育てる体育授業 1日目　国際会議場（基調報告・解説・シンポジウム・特別講演） 2日目　岐阜大学教育学部附属小学校「確かな動きと自分なりのコツをつかむ児童の育成」 　　　岐阜市立長良西小学校「よりよい動きを求め続ける子」 　　　羽島市立竹鼻小学校「よりよい動きを追求し合い，動きの高まりを実感できる子」 　　　各務原市立那加第三小学校「できる喜びを味わい，力いっぱい運動する子」
	27	【仲間と共に運動の楽しさや喜びを味わう体育授業の創造】 ○夏季ゼミナール（岐阜市）　○研究協議会（1月30日，岐大附属）
	28	【仲間と共に運動の楽しさや喜びを味わう体育授業の創造】 ○夏季ゼミナール（岐阜市）　○教科研究協議会（1月26日，長良東）

出典：小学校体育科研究部会（2017），45-46頁を筆者が一部改変

図表 7-9　一種免許状取得可能な岐阜県内の大学

小中高	国公私	大学名	学部等名	学科等名	専攻等名
小学校	国立	岐阜大学	教育学部	学校教育教員養成課程	
	私立	岐阜女子大学	文化創造学部	文化創造学科	初等教育学専攻
		岐阜聖徳学園大学	教育学部	学校教育課程	
		中部学院大学	教育学部	子ども教育学科	
		東海学院大学	人間関係学部	子ども発達学科	
中学校高校	国立	岐阜大学	教育学部	学校教育教員養成課程	
	私立	岐阜経済大学	経営学部	スポーツ経営学科	
		岐阜聖徳学園大学	教育学部	学校教育課程	
		朝日大学	保健医療学部	健康スポーツ科学科	
		中部学院大学	スポーツ健康科学部	スポーツ健康科学科	

出典：文部科学省（2016，2017）を基に筆者が作成

図表 7-10　専修免許状取得可能な岐阜県内の大学

小中高	国公私	大学名	研究科等名	専攻等名
小学校	国立	岐阜大学	教育学研究科	教職実践開発専攻
				心理発達支援専攻
				総合教科教育専攻
	私立	岐阜女子大学	文化創造学研究科	初等教育学専攻
		岐阜聖徳学園大学	国際文化研究科	国際教育文化専攻
中学校高校	国立	岐阜大学	教育学研究科	教職実践開発専攻
				心理発達支援専攻
				総合教科教育専攻

出典：文部科学省（2016）を基に筆者が作成

れた大学選択が必要となると言える。

（2）教員養成校のカリキュラム事例

　次は，実際の教員養成校のカリキュラムを見ていく。図表 7-11 および図表 7-12 はそれぞれ，筆者が在籍していた岐阜大学教育学部保健体育講座と岐阜大学教育学研究科総合教科教育専攻芸術身体表現コース保健体育領域の保健体育に

関する科目を示している。

図表 7-11　岐阜大学教育学部保健体育講座の保健体育に関わる科目

教養科目	スポーツ・健康科学			備考
				教員免許状の取得には，演習科目を必ず修得することが必要
小学校に関わる保健体育	教科に関する科目	小学校教科	体育	
	教職に関する科目	小学校教育法	（小）体育科教育法	
中・高に関わる保健体育	教科に関する科目	体育実技	陸上	
			水泳	
			体つくり・器械運動	
			ダンス	
			柔道	3科目のうち，1科目1単位以上修得
			剣道	
			バスケットボール	
			バレーボール	3科目のうち，2科目2単位以上修得
			ハンドボール	
			野外運動（スキー）	
			野外運動（キャンプ）	
		「体育原理，体育心理学，体育経営管理学，体育社会学」及び運動学（運動方法学を含む）	体育原理	
			体育社会学	4科目のうち，2科目4単位以上修得
			体育経営管理学	
			体育心理学	
			運動学（運動方法学を含む）	
		生理学（運動生理学を含む）	生理学（解剖学・運動生理学を含む）	
			運動生理学Ⅰ・Ⅱ	
		衛生学及び公衆衛生学	衛生学・公衆衛生学	
		学校保健（小児保健，精神保健，学校安全及び救急処置を含む）	学校保健Ⅰ（小児保健・精神保健を含む）	
			学校保健Ⅱ（学校安全・救急処置を含む）	
	教科又は教職に関する科目		保健体育Ⅰ・Ⅱ	

岐阜大学（2016）を基に筆者が一部改変

　図表 7-11 から分かるように，岐阜大学教育学部で小学校免許を取得するための体育に関する科目は「体育」と「（小）体育科教育法」の 2 科目となっている。また，中・高に関わる教科に関する科目の「体育実技」や「体育原理，体育心理

図表 7-12　岐阜大学大学院教育学研究科総合教科教育専攻芸術身体表現コース保健体育領域の保健体育に関わる科目

	科目	分野	備考
小学校に関わる体育	芸術身体表現特論		
	身体教育方法論		
	体育教育実践研究		
中・高に関わる保健体育	保健体育科教育特論		13科目のうち, 7科目14単位以上修得
	保健体育科教育実践研究		
	身体・運動教材開発特論		
	身体・運動教材開発研究		
	身体論		
	運動生理学特論		
	運動生理学研究		
	運動方法学特論		
	運動方法学研究		
	体育測定評価特論		
	体育測定評価研究		
	学校保健学特論		
	学校保健学研究		

岐阜大学（2016）を基に筆者が一部改変

学，体育経営管理学，体育社会学」においては，カリキュラム上は選択科目となっているが，基本的にどの科目も受講することができるようになっている。そのため，学生は保健体育の専門科目においては，万遍なく知識や技能を学ぶことができる。

　大学院では，小学校に関わる体育においても，中・高に関わる保健体育においても，「〇〇特論」という科目があるため，学部では学びきれなかったことを詳しく学ぶことができる。また，すべてが選択科目であるため，さらに学びたいと考える科目を履修し，より専門的な学びへとつながることができるようになっているのが特徴である。

第4節 岐阜県における小学校体育科教育実践の課題

　今まで第2節では，岐阜県の小学校体育の過去から現在の授業実践および研究団体の取り組みを見てきた。また第3節では，岐阜県における学校教員養成課程の現状について述べてきた。そこから，筆者が考える岐阜県の小学校体育における課題を以下3点にまとめた。

(1) 体力・運動能力を視野に入れた体育授業

　『平成28年度 岐阜県公立小・中・高等学校 児童生徒の体力・運動能力調査報告書』によると，「体力・運動能力調査」との比較では，全国平均と同等もしくは上回っている項目の割合が，小学校においては約5.2%（5項目／全96項目）であると報告している。子どもたちの体力低下は，学習意欲の低下や大人になってからの社会における活力低下を引き起こし，将来的には生活習慣病の要因ともなりうることが示されている（松岡, 2004）。これらは，テレビやテレビゲームの増加，室内中心の遊び，そして同年代の友達と遊ぶ機会の減少などに原因があると言われている（衛藤他, 2010）。そのため，友達と一緒になって思いっきり遊んだり，身体を動かしたりできる小学校は，子どもたちにとってとても大切な場である。さらに，既に運動が苦手で身体を動かすことが得意でないという子が身体を動かし，教師が身体を動かすことの楽しさを伝えることができるのは主に体育の時間である。第2節で紹介した筆者の実践においても，運動が苦手で，跳び箱に恐怖感があった子は，最後の発表会の時に躊躇してしまう姿が見られた。2017年に改訂された小学校学習指導要領においても，運動を苦手と感じる児童への配慮事項が記述されている。そのため，岐阜県としても，この体力・運動能力を意識して，誰もが「身体を動かすことって楽しい」と思えるような取り組みをしたり，体力・運動能力が極端に低い子たちの底上げができたりするような授業を仕組むことが重要であるのではないかと考える。

(2) 科学的根拠をもった新たな授業研究および研究会

　筆者がこの課題を考えた理由が2つある。

まず1つは、「偶土会」の取り組みである。先にも述べたように、現在岐阜県は偶土会の財産と融合させた体育授業づくりを目指している。しかし、この研究で対象となった児童・生徒と現在の児童・生徒では様相が異なっていると考えられる。そのため、「偶土会」の研究成果を現代の子どもたちにそのまま当てはめることは難しいであろう。そのため、現在の子どもの「動きの姿」や「活動量」、「能力の伸び量」など科学的根拠に基づき、「偶土会」の研究成果を再検証すれば、過去には見えてこなかった新たな発見があるかもしれない。

2つ目は、「小学校体育科研究部会」の取り組みについてである。この研究団体は、今もなお各地区や各分野で授業研究を行っているが、研究をする上で重要なことは、この研究授業の成果の汎用性をより高めることであると考える。その上で、科学的検証に基づき次世代につながる成果と課題を提示することが必要であるため、大学の教授等と現場の教師が積極的に歩み寄り、共に優れた研究成果を残していくことが重要となるのではないだろうか。

(3) 教員養成課程における小学校体育の課題

第3節では、岐阜県の教員養成の現状や、岐阜大学のカリキュラムの事例を取り上げた。その中で、岐阜大学では小学校体育に関する科目を2科目履修すれば、小学校教諭免許が取得可能であった。同じように小学校教諭一種免許状を取得できる他大学でも小学校体育に関する科目は「体育」と「体育科教育法」の2科目となっている。小学校では、様々な運動遊びや運動を教えなければいけないため、それを教えるための指導技能を向上させることが重要であると考えられる。また、小学校は中学や高校と異なり、6年間という長い期間で、身体や精神の発育発達が著しく成長する時である。だからこそ、発育発達に則した授業展開なども教員養成校などで指導する必要があると考える。そのため、小学校教諭を目指す者に、様々な種目の運動や、発育発達に則した体育授業の科目も履修させるカリキュラムを組むことが望ましいと考える。

第5節　まとめ

　本章では，遇土会の取り組み，筆者の取り組み，そして教員養成の現状の視点から，岐阜県における小学校体育科教育の現状と課題を見てきたが，教育の最終目標は，何よりも子どもたちによりよい体育を提供することである。そのため今後は，今まで行われてきた財産と現在の取り組みを融合させて，小・中・高・大すべてが連携し，知見をより広めていけるよう現場の教師と研究者等がより協力し合っていくことが大切なのではないかと考える。

参考文献

Boreham C. & Riddoch C.（2001）,"The Physical Activity, Fitness and Health of Children," *J. Sports Sci.*, Vol.19, pp.915-929.

衛藤隆・近藤洋子・松浦賢長・倉橋俊至・横井茂夫・恒次欽也・加藤則子・川井尚・武島春乃・堤ちはる・高石昌弘・平山宗宏・竹末加奈・原田直樹（2010）『幼児健康度に関する継続的比較研究．平成22年度厚生労働科学研究費補助金．成育疾患克服等次世代育成基盤研究事業報告書』

岐阜大学編・発行（2016）『教育学部便覧』

岐阜大学大学院教育学研究科編・発行（2016）『履修の手引き』

岐阜県教育委員会（2017）『平成28年度岐阜県公立小・中・高等学校児童生徒の体力・運動能力調査報告書』

偶土会編著，橋本正一監修（1995）『改訂版　授業の「しくみ」を中心とした体育授業課程の研究：新学力をふまえた体育科教育の研究』黎明書房

岩本修治（2008）「サークル紹介／岐阜県　偶土会」『子どもと体育』146号，15頁

春日晃章・小栗和雄・中野貴博・水田晃平・小椋優作・川崎未貴・竹本康史（2016）「幼少年期における体力のトラッキングに関する研究－年長児と小学6年時の体力の比較から－」『教育医学』第62巻第2号，328-335頁

松岡優（2004）「今の子どもにみられる運動習慣と健康障害」『日本小児科学会雑誌』第108号，850‐853頁

宮下充正（2007）『子どもに「体力」をとりもどそう』杏林書院，48頁

文部科学省（2008）「第1学年及び第2学年の目標及び内容」『小学校学習指導要領解説体育偏』23頁

文部科学省（2014）「幼児期における運動の意義」日本発育発達学会編集『幼児期運動指針実践ガイド』杏林書院，37-68頁

文部科学省編・発行（2017）『小学校学習指導要領解説　体育偏』

Scammon,R.E.（1930），"The measurement of the body in childhood.," In : Harris,J.A, Jackson,C.M. & Scammon,R.E. （Eds.）, *The Measurement of Man*, University of Minnesota Press, pp.173-215.

吉田伊津美（2016）「運動遊びであること」白旗和也編著『小学校体育　これだけは知っておきたい「低学年指導」の基本』東洋館出版社，16 頁

参考 URL

岐阜県小中学校教育研究会（2017）『平成 29 年度　岐阜県小中学校教育研究会の活動について』　http://www.gikenkyouken.com/　（最終アクセス 12 月 27 日）

文部科学省（2016）『平成 28 年 4 月 1 日現在の教員免許状を取得できる大学』http://www.mext.go.jp/a_menu/shotou/kyoin/daigaku/1286948.htm　（最終アクセス 2017 年 12 月 25 日）

文部科学省（2017）『平成 29 年 4 月 1 日から教員免許状を取得できる大学』http://www.mext.go.jp/component/a_menu/education/micro_detail/__icsFiles/afieldfile/2016/12/27/1286672_3.pdf　（最終アクセス 2017 年 12 月 25 日）

佐藤善人（2015）「岐阜大会で提案したいこと」『全国体育学習研究会』No.127, 3 頁　http://zentaiken.com/public_html/formembers/No.127.PDF　（最終アクセス 2017 年 12 月 15 日）

第8章　大学運動部の運営実践における現状と課題

第1節 コーチングからマネジメントへ

　本章をすすめるにあたり筆者がなぜ本章の執筆担当であるかを，これまでのキャリアを概観し整理する。

　中学からバレーボールを始め，高校では石川県の名門金沢商業へと進学する。後の日本代表となる先輩や，Ｖリーグで活躍することとなる同級生を目の当たりにして，とても競技者として活躍することは難しいと感じたことを覚えている。

　「する」ということでは難しくても「ささえる」，つまり指導者としてバレーボールに関われないかと思い教員を志望した。教員となって，バレーボール部の指導に携わりたい，という実に安易な発想であったと思う。

　体育の教員を目指し，当時新設であった滋賀県のびわこ成蹊スポーツ大学へと入学する。学部ではコーチングを専攻し，バレーボールのゲーム分析や指導技能，集団スポーツ心理などを学んだ。

　ゼミナールでは現在もＶリーグで監督として活躍する吉田敏明先生に師事する。卒業後はＶリーグ女子チームのコーチとして関東の企業チームに就職をした。ここでの経験が後のマネジメントを学ぶ転機となる。

　スポーツ指導や競技者のほとんどがスポーツは「よいもの」として認識していることと思う。マナーや礼儀，挨拶といったしつけとして，また協調性や自主性を育むツールとして歓迎されていることだろう。あるいはスポーツが組織の一体感の醸成や士気高揚に効果があるとしてスポーツが奨励されることもしばしばである。

　スポーツがイギリスで発明され，発展した経緯にはリーダーシップやメンバーシップなどの人格形成に有効であると考えられてきた。このスポーツ万能論とでもいうような思想は日本のスポーツ観，体育観，教育観にも多大な影響を与えている。筆者自身の経験においても，スポーツが悪だということは記憶にない。

　大学卒業後に就職したチームは企業チームである。企業チームは言うまでもなく，母体企業の福利厚生の一環である。企業チームを運営する目的は一般的に社員の士気高揚，一体感の醸成，宣伝広告と言われてきた。しかし筆者が所属した企業チームで

は社員から廃部を求める声がたびたび聞かれた。スポーツは「よいもの」であるはずなのにどういうことだろうか。

　チームが活動するためには当然運営費がかかる。この運営費を宣伝広告費や福利厚生費として捉えているからこその企業チームなのだが，当時のチームには宣伝広告としての役割や，福利厚生の役割を果たしているとは言い難い状況であった。つまり母体企業としてチームを支援してはいたが，それは社内の総意ではなかったということであろう。

　スポーツを「よいもの」としてしか捉えていなかった筆者には大変貴重な経験となった。スポーツの持つ良さを活かし，誰にとっても「よいもの」であるためにはどうしたら良いのだろうか。答えを求め，企業チームの諸先輩方や大学の恩師と相談する中でスポーツマネジメントにたどり着くこととなる。

　スポーツマネジメントへの理解を求め，当時Vリーグ理事であった早稲田大学間野教授の門戸をたたく。バレーボールに限らず多種多様なスポーツのマネジメントに触れ，スポーツ組織のマーケティングやスポーツ施設の在り方などを学ぶ。

　大学院進学に際して企業チームを退社し，都内の私立高校で教員を勤めることとなったのだが，中央学院大学女子バレーボール部監督の増山准教授の勧めがあり，東京ヴェルディバレーボールチームへと入団することとなる。東京ヴェルディバレーボールチームは企業チームではなく，クラブ型チームであり，企業チームとはまた違う運営倫理を持っている。早稲田大学でスポーツマネジメントを学び，東京ヴェルディバレーボールチームでさらに実践的に学ぶ機会をいただけたことは大きな成長となった。

　大学院を修了したのち，引き続き東京ヴェルディバレーボールチームへ携わりつつ，前述の中央学院大学女子バレーボール部でコーチを務める。中央学院大学女子バレーボール部監督の増山准教授や東京ヴェルディバレーボールチームの濱口監督からはマネジメントについてはもちろん，コーチングについてもおおいに学ばせていただいた。その後現任の中部学院大学に着任し，男子バレーボール部の顧問監督を務めることとなる。

　こういった経験，実績から筆者が本章を担当することとなった。本章では中央学院

大学女子バレーボール部や中部学院大学男子バレーボール部の実践を事例として，大学運動部のマネジメントを解説したい。私自身の経験が今後の大学運動部のマネジメントの一助となれば幸いである。

第2節　大学における運動部の歴史とその意義

そもそも運動部，運動部活動とはどういった活動なのだろうか。運動部活動は学校教育の一環として認知されていることだろう。運動部活動は中学生や高校生の健全な心身の育成や協調性，自主性の醸成などに貢献すると考えられ，日本において広く取り入れられているスポーツ運営モデルである。具体的に学習指導要領ではどのように位置付けられているかを確認したい。

> 生徒の自主的，自発的な参加により行われる部活動については，スポーツや文化及び科学等に親しませ，学習意欲の向上や責任感，連帯感の涵養等に資するものであり，学校教育の一環として，教育課程との関連が図られるよう留意すること。その際，地域や学校の実態に応じ，地域の人々の協力，社会教育施設や社会教育関係団体等の各種団体との連携などの運営上の工夫を行うようにすること。
> 中学校学習指導要領（2008）および高校学習指導要領（2009）第1章　総則より

このように運動部活動が学校教育の一環として記載されており，生徒らの健全な育成に寄与するものであることがわかる。

では大学における運動部とはどのような役割を持つものだろうか。我が国の後期高等教育機関である大学では中学校や高校での学習指導要領は存在しない。文部科学省では「高等教育段階の大学においては，それぞれの大学が，自ら掲げる教育理念・目的に基づき，自主的・自律的に編成することとされています。これは，大学の教育研究については本来大学の自主性が尊重されるべき事柄であること，また，大学には，社会との対話を通じて，弾力的かつ柔軟にカリキュラム編成し，またそれを不断に改善していくことが求められることなどによるものです」とされており，大学の教育課程では以下の2点が定められている。

・大学は，その教育上の目的を達成するために必要な授業科目を自ら開設し，体系的に教育課程を編成すること

・大学は，教育課程を編成するに当たっては，学部等の専攻について専門の学芸を教授するとともに，幅広く深い教養と総合的な判断力を培い，豊かな人間性を育成するよう適切な配慮をすること

このように大学運動部については具体的な指針は示されていない。そこで大学運動部の歴史からその意義の検討を試みる。

　大学運動部の始まりであり，日本スポーツの始まりとも言われている組織が「帝国大学運動会」（以下運動会）である。運動会は明治19年に帝国大学の学生や職員を対象とした任意団体として設立された。その後明治39年には社団法人として整備され，大正9年には社団法人東京帝国大学学友会へ吸収されることとなる。組織の再編成や吸収を経て現在は「一般財団法人東京大学運動会」として活動している。現在の運動会の目的は以下のようなものである。

（目的）

第3条 当法人は東京大学における体育及び運動の進歩普及を図り，且つ汎く学生等への支援を行うことを目的とする。

（事業）

第4条 当法人は前条の目的を達成するため，次の事業を行う。

1　　東京大学の運動部への指導・助言および支援・助成

2　　東京大学に所属する学生・教職員へのスポーツ機会の支援・助成

3　　前各号に掲げるもののほか，国内において当法人の目的を達成するために必要な事業

2　前項の事業は，日本全国において行うものとする。

東京大学運動会　定款より

　運動会の設立には欧米の先進的な制度や学問，芸術，技術，知識などを伝搬するために来日した外国人たち，いわゆる「お雇い外国人」の一人であったフレデリック・ウィリアム・ストレンジが大きな影響を与えている。

　ストレンジは明治8年（1875年）に英語講師として来日したイギリス人である。英語講師として来日したが，ストレンジはボート競技を愛好するスポーツマンでもあった。講師として教壇に立つ一方で学生らに熱心にスポーツを指導し，また学生らにス

ポーツの重要性を広めた人物でもある。彼の教えはスポーツの技術指導だけではなく，スポーツマンとしての在り方にも及ぶ。「スポーツで大切なことは勝敗ではなく，ベストを尽くしたかどうかである」と言ったようにスポーツマンシップ，フェアプレーなどの精神を重視したとされている。

　また組織のマネジメントにも尽力し，学生が継続した活動を行う基盤として「走舸組」を立ち上げるが，これを母体として運動会の設立へとつながるのである。これが契機となり，京都大学や慶應大学でも同様の組織が誕生し，大学対抗戦などが活発になる。この大学ごとの運動会を頂点とし，傘下に各競技部を治めるというシステムが，今日の日本の部活動の礎となっているのである。

　このように見てみれば，部活動という運営モデルそのものが大学から発祥，伝搬されたものであることがわかる。日本のスポーツ振興において大学運動部が担ってきた意義は大変大きなものであったといえるだろう。

第3節　大学運動部をめぐる環境

　第3節では大学運動部が置かれている現状環境について整理する。近年大学スポーツは大きな注目を集めている。マクロレベルでは日本のスポーツ振興施策として大きな期待が集まっている。

　スポーツ庁はスポーツ振興政策のひとつとして「大学スポーツの振興に関する検討会議」を開催し，大学スポーツの潜在的価値を検討議論している。この会議の趣旨は大学が持つスポーツ人材育成機能，スポーツ資源は社会に貢献する潜在力を持ちつつも，諸外国に比べればその力を十分に発揮しているとは言い難く，どのようにして大学のスポーツ資源を活用するかを議論するものである。

　検討会議の最終とりまとめにおいて，大学スポーツについての基本的な考え方として，以下の2点が掲げられている。

（基本的な考え方）
①　大学スポーツ振興の意義
②　大学スポーツ資源の潜在力を発揮するための方向性

また大学スポーツ振興の課題として以下の7つが挙げられている。

（大学スポーツの課題）

① 大学トップ層の理解の醸成

② スポーツマネジメント人材育成・部局の設置

③ 大学スポーツ振興のための資金調達力の向上

④ スポーツ教育・研究の充実や小学校・中学校・高等学校等への学生派遣

⑤ 学生アスリートのデュアルキャリア支援

⑥ スポーツボランティアの育成

⑦ 大学のスポーツ資源を活用した地域貢献・地域活性化）及び大学横断的かつ競技
横断的統括組織（日本版NCAA）の在り方（理念，役割等）

　このように包括的な大学スポーツ振興策が検討されている。これは大学スポーツが
持つ優良な資源，学生アスリートや指導者などに大きな期待を寄せられているからに
他ならない。

　例えば日本体育教育の先駆的存在である日本体育大学は，数多くのオリンピアンを
在学期間に輩出している。体操の内村航平，白井健三などは直近の好例だろう。また
チームスポーツでも大学生の存在は欠かせないものとなっている。バレーボール日本
代表男子の石川祐希などは中央大学に在籍しつつ，日本代表に選出され，また海外リ
ーグで期限付きではあるもののプレーするなど活躍を見せている。

　明治期には学生らの健全な身体の育成や，スポーツマンシップの醸成に貢献した大
学運動部であるが，今日においては国際競技力や地域社会の活性化などその期待され
る役割は実に幅広い。

　ではミクロレベル，大学単位での現状についてはどうだろうか。図表8-1は全国大
学体育連合が行った調査結果である。調査は全国の大規模大学，体育系大学，体育系
学部を有する大学を対象とし，運動部学生へ対する学修支援やキャリア支援に関する
意識と実態を把握することを目的に実施された。

図表 8-1 クラブ活動への大学の期待

クラブ活動への大学の期待する項目	%
1. 運動部学生の人間的成長やリーダー養成	96
2. 課外スポーツ全般の活性化	89
3. 一般学生も含めた学生生活の充実	88
4. 社会における大学のイメージやブランド力の向上	85
5. 学生や教職員の愛校心の醸成	82
6. 学生の父母や同窓生のイメージやブランド力の向上	74
7. 受験者数の増加	62
8. 国際競技力の向上	27

全国大学体育連合（2015）をもとに筆者作成

　最も期待されている役割は学生自身の人間的成長やリーダーの養成である。次いで学生スポーツ全般の活性化や一般学生も含めた学生生活の充実にも期待が寄せられている。このあたりについては大学運動部の萌芽期より変わらない価値観に思えるが、注目すべきはこれ以降だろう。

　社会における大学のイメージやブランド力の向上、学生の父母、同級生のイメージやブランド力の向上、受験者数の増加などブランディングや大学の要素を含んだ期待が挙げられている。スポーツマーケティングの観点から言えば、スポーツを利用したマーケティングが期待されているということだろう。

第4節　中部学院大学における運動部の役割

　では中部学院大学（以下本学）における運動部の役割とはどのようなものか。まず学生便覧を参照したい。

【課外活動】
　主として学生会及び部・同好会等学生の自主的活動を言います。課外活動への参加は、授業では得られないことを体験し、スポーツや趣味、ボランティアなど興味

ある分野の活動を通して，人間的つながりを 深めます。協調性やマナーが身につき，判断力・創造力等を養うこともできます。

　課外活動の経験は社会に出てからも大いに役立ちます。活動へ積極的に参加し，有意義で充実した学生 生活を送ることを期待しています。

（中部学院大学　学生便覧　課外活動より）

　運動部のみに限定された記述ではないが，このように記されており，学生自身の成長や，地域社会とのつながりや学生生活の充実感を高めるものとされている。運動部は運動系クラブ・サークルとしてまとめられており，具体的な団体は図表 8-2 のとおりである。

図表 8-2　中部学院大学における運動系クラブ・サークル

①	硬式野球部	13, 14 年度 神宮大会出場 岐阜リーグ優勝(11 回)東海大会優勝(7 回)3 連盟王座決定戦優勝(2 回)
②	男子バスケットボール	07, 09 年度インカレ出場 岐阜県学生選手権優勝 人格の陶冶を第一目標にしながら，東海制覇を目指す
③	女子バスケットボール	3 年連続インカレ出場 岐阜県学生選手権優勝 東海学生リーグ優勝を目指す
④	陸上競技	世界大会，日本インカレ，西日本インカレ，東海インカレなどへ出場，上位入賞 初心者や体力づくり，健康づくり
⑤	弓道	11, 12 年度東海学生弓道選手権 女子団体 3 位 13 年度女子団体優勝 礼儀や集中力を養い，関キャンパスの弓道場で練習に励んでいる
⑥	女子バレーボール	東海リーグ制覇 日本インカレ出場 高いモチベーション意識を持ち，質の高いトレーニング（戦術・体力・精神）を研鑽する
⑦	女子サッカー	08 年度女子サッカー部 創部 県リーグ・インカレ東海予選大会出場や地域との交流する

⑧	硬式テニス	東海大学リーグ 昇格を目指して練習しています 初心者も経験者がフォローしますので，興味のある方歓迎します
⑨	男子バレーボール	学生アスリートとしての教養と競技力の両立。各公式大会，リーグ戦での上位進出，バレーボール競技の普及振興活動の実践。
⑩	フットボール部サッカー・フットサル	三岐リーグで上位を目指す サッカーとフットサルを通して，心身の鍛錬と親睦を深める
11	バミントン	楽しく活動，よき仲間づくり
⑫	軟式野球部	第 38 回全日本学生軟式野球選手権大会出場
13	Red baby's	大学で行われるスポーツ活動等の応援を担うチアサークル 大学祭出演等
14	学生トレーナー部 CAST	トレーナーを目指す学生が集まり，勉強会をして資格取得を目指す
15	MIPPARA MONSTER	フットサルを通して交流を深めるとともに，フットサルを広める

中部学院大学 学生便覧をもとに作成

○で数字が囲われている団体が学生連盟主催大会に参加している団体となっている。また本章で主に取り扱うマネジメント主体である特別強化クラブは図表 8-3 のとおりである。なお図表中には吹奏楽部も含まれているが，参考までに公式ホームページと同様の形式で記載した。

特別強化クラブは部長または顧問，副部長または副顧問，監督，コーチという体制がとられている。すべての特別強化クラブですべての役職を配置しているということではないが，外部コーチを招聘しているクラブも多数あり，体系的な強化が図られていることがわかる。特別強化クラブの実情をより把握するために，代表例として硬式野球部について述べる。

硬式野球部の戦績は平成 11 年度の岐阜県秋季リーグ戦から始まる。参入当時は 5 位

図表 8-3　中部学院大学　特別強化クラブ

クラブ名	部長（顧問）	副部長（副顧問）	監督	コーチ-1	コーチ-2
硬式野球部	鵜飼健志	亀山芳久	原克隆	大西淳史	間宮大貴 / 大谷卓真
男子バスケ部	福手登成		福手登成	長尾學	
女子バスケ部	櫻川唯		櫻川唯	長尾學	
陸上競技部	原田憲一	笠野由布子 / 鈴木康介	高柳竜一	多久島努	馬場信孝 / 太田三暁
女子サッカー部	飯田健二		飯田健二		
弓道部		藤井勝志			
剣道部	有川一		有川一	坂本太一	
ゴルフ部	櫻井和男		櫻井和男		
男子バレーボール部	菊池啓子		柿島新太郎		
女子バレーボール部	菊池啓子		渡辺守夫	清水喬嗣	小林康将
女子ソフトボール部	可児真平		可児真平		
吹奏楽部	平野孝明	大岩詩織	安藤繁秋		

中部学院大学　学生便覧をもとに作成

という成績に終わり，平成 16 年度の原監督就任まで岐阜県リーグの下位に低迷する。

平成 16 年度に原監督が就任すると全国から学生を募集し戦力の強化を図った。翌平

成 17 年度には岐阜県リーグ戦で春，秋ともに準優勝。平成 19 年度には岐阜県リーグ春季大会を優勝，さらに全日本大学野球選手権大会東海代表決定戦で初優勝し，同時に全日本大学野球選手権に出場する。その後は岐阜県を代表する強豪大学として輝かしい成績を修めている。

　また多数の社会人野球選手，プロ野球選手を輩出しており，2014 年度広島東洋カープドラフト 1 位指名の野間外野手，2016 年度広島東洋カープ 3 位指名の床田投手，2017 年度には同じく広島東洋カープから 6 位指名の平岡投手らが誕生している。2017 年度には大学日本代表に内海大寿が外野手として選出されるなど，地方大学としては異例の存在といえるだろう。

第 5 節　大学バレーボール部マネジメントの実際
（1）　中部学院大学男子バレーボール部　顧問就任から特別強化に至るまで

　こういった特別強化クラブの顧問を務めていると，顧問就任ありきの採用だと勘違いされることもしばしばあるが，筆者の場合，2015 年度の着任に際して，顧問を務めるという条件は一切なかった。あくまでも経営学部の一教員として採用されたまでである。しかしなぜ現在のように特別強化クラブの顧問監督を務めることになったのかについて述べる。

　2015 年に本学に着任した当時から男子バレーボール部自体は活動していたが，その頃はまだ特別強化クラブではない通常のクラブだった。筆者自身は着任しても顧問を務めるというつもりはなかったが，男子バレーボール部のマネージャーである 4 年生の女子学生が「顧問になってほしい」と研究室を訪れたのである。

　特段否定する気もなかったが，明らかにしておかなければならない点があった。それは顧問としてどこまで介入してほしいのか，ということである。単に顧問として責任者を務めるだけなのか，監督として指導もしてほしいのか，これを明確にしておかなければ，取り組み方もあやふやなままになってしまうからである。マネージャーは「監督として指導もお願いしたい」とのことであった。

　後日体育館へ行き練習を見学した。技能レベルは高いとは言えないが，部員数も 20 名前後とそれなりの人数で活動し，活気はあったように思う。練習終了後にこれから

指導をすることを伝えたが，当時のキャプテンから指導は遠慮したい，との申し出が
その場であった。その理由としては厳しい指導のもとではやりたくない，自分たちで
進めたいので顧問だけお願いしたいという旨であった。どうやらマネージャーとキャ
プテンの間で意見の相違があったらしく，部内でのとりまとめが出来ていなかったよ
うである。

　「それならそれで良いよ，しっかりがんばってください」と学生に話をしたが，ま
だどんな指導をするかも決まっていないのに，どういうことだろうか，と疑問に感じ
た。その後しばらくは体育館に行くこともなく，男子バレーボール部のことをあまり
気にもかけていなかったが，ある日体育館に行くと非常にショッキングな光景がそこ
にはあった。

　ネットこそ立ててあるが，ほとんどの部員は練習していなかった。スマートフォン
でゲームをしている学生，コートサイドでカップラーメンや菓子を食べている学生，
女子マネージャーとおしゃべりをしている学生，何もせずに寝ている学生などがほと
んどで，練習をしている学生は1名か2名程度であった。バレーボールネットがなけ
れば，ここが男子バレーボール部だとわからないほどである。前述の疑問に対する解
答はこれ，すなわち自分たちの聖域を守りたい，ということなのである。

　課外活動は学生の主体的な活動であるべき，という考えは変わらないが，一方で課
外活動は学内の公的な存在でもある。それはスポーツが社会の公的存在であることと
同じである。スポーツに多くの税金が投入されるように，課外活動にも後援会費が充
てられている。大学を代表するにはあまりにも幼稚な運営体制を改善するため，筆者
が監督指導に入ることを学生に申し伝えた。2015年6月中旬のことである。

　監督として指導に介入することで部員は激減した。選手，マネージャー含めて20名
程度いた部員は最終的に9名にまで減った。部員数は減ったが，ある程度意欲のある
学生たちで強くはないが，継続的に活動に取り組めるようになった。

　継続して活動を続けていく中で，大学企画課から特別強化クラブとして学生募集を
行ってほしいとの打診があった。これが2016年の6月，ちょうど監督として指導に
あたって1年目のことである。

　私はこの打診を了承したが，なぜか打診した側の職員が驚いていた。受け入れてく

れるとは思っていなかったようである。なぜ承諾してくれるのか，と聞かれたが理由は2つである。それが大学のためになるのであれば，ということと，バレーボール競技の振興のためである。

(2) 岐阜県大学バレーボールのマーケティング

特別強化クラブという事業を進めるにあたってまず行ったのはマーケティングである。基本的な分析手法として 3C 分析，4P 分析，SWOT 分析を行った。

図表 8-4 3C 分析

Company （自社）	クラブの認知は皆無 指導者のコネクション不足
Customer （顧客・市場）	岐阜県内の高校バレーボール部員
Competitor （競合）	岐阜経済大学 朝日大学 岐阜聖徳学園大学など

筆者作成

Company について大学として岐阜県内での認知度は低くはないことや学部学科の構成などが明らかになった。クラブとしてほとんど認知度はなく，県内バレーボール関係者はその存在すら知らなかった状況である。また監督である筆者は岐阜県に縁もゆかりもなく，コネクションを利用した学生募集が難しいことも明らかになった。

我々の顧客，つまり Customer を探るには本学在籍学生の傾向を検討することとした。詳細な数字は守秘義務の観点から明示できないが，かなり多くの割合で岐阜県内出身者が多いことがわかった。このことから男子バレーボール部として狙う学生像，ターゲット像がおぼろげながらに見えてきたのである。

Competitor についても同じ岐阜県内の大学，特に同系統の学部学科を持つ私立大学が考えられる。また朝日大学や岐阜経済大学は各大学の強化クラブとして学生募集を行っていることから，大きな脅威になりえることが予想できた。

これら 3C 分析の結果から，以下のような大まかな募集戦略を策定することが出来た。

募集戦略
✓　ターゲットを岐阜県内の普通科高校男子バレーボール部を中心とする。競技力はミドルクラス（県内ベスト 8 前後）がメイン顧客となる。 ✓　募集はコネクションが不足していることから徹底的な訪問と，きめ細かい対応を実施する

岐阜県内のバレーボール強豪高校は県立岐阜商業，岐阜工業高校，岐南工業高校，関商工高校などが代表的である。各高校顧問へのヒアリングでは，高校生の進路が進学よりも就職傾向が強いことがわかった。特に上記の実業系高校では県内の大手製造業への就職人気が高いという。この市場へのマーケティングはかなり苦戦することが予想された。

競合となる岐阜経済大学や朝日大学を詳細に調査していくとそのほとんどが県外の強豪高校出身者であり，岐阜県内の高校生は進学していないことがわかった。その理由の一つとして岐阜経済大学や朝日大学の競技力があまりにも高いことが挙げられる。

岐阜県内の高い競技力を有している高校生は実業系高校が多く，就職志向，進学志向の普通科高校の生徒は中程度の競技力，とすれば上記のような募集戦略がふさわしいのではないだろうか。

図表 8-5 4P 分析

Product　（何を売るのか）	大学生活とバレーボール競技の両立
Promotion　（広告）	指導者自身
Place　（どこで売るのか）	岐阜県内の高校，大会会場
Price　（価格設定）	奨学金はほぼ利用できない

筆者作成

ターゲットをミドルクラスと設定したうえでメイン市場に響くproduct, ベネフィット検討した結果，我々の product は大学生活とバレーボール競技の両立と定義した。Promotion は本来であればクラブ自体がpromotion 媒体となり活動することが望ましいが，当時は活動を精力的に展開できるクラブではなかった。そのため指導者自身が頻繁にセールスに出向き，人となりを認知してもらう必要があった。Place は販売チャネルだがこれは県内高校だろう。中でも体育館へどうやってセールスに行くかが重要となる。また男子バレーボール部が本格的に学生募集を行っている認知を高めるために大会の規模を問わず，積極的に出向き募集活動を行った。

　価格については設定がほとんど出来ない。特別強化クラブには一般的に特待生の存在があるが，立ち上げ当初の男子バレーボール部にはその枠はほとんどなかったのである。コスト面では厳しい募集が予想された。

図表 8-6　SWOT 分析

Strength　　（強み） 試合への出やすさ 理不尽な上下関係がない	Weakness　　　（弱み） クラブとしての格
Threat　　（脅威） 競合大学の参入	Opportunity　　（機会） 普通科高校男子バレーボール部の躍進 実業高校の進学志向の高まり

筆者作成

　さらに分析を進めるためにSWOT 分析を行った。Strength については競合と比較して試合の出やすさや，上下関係の程度などがある。Weakness として大きなものはクラブとして格になるだろう。これらは現時点では強み，弱みとして考えられるが，改善努力を進めていくことで変化することを念頭に置いておく必要がある。

　我々がコントロール出来ない外部要因をみてみよう。考えられる脅威としては競合する大学の男子バレーボール部活性化である。例えば中京学院大学や岐阜聖徳学園大学が同じような市場を狙った男子バレーボール部を立ち上げた場合，大きな脅威とな

る。それまでに学生募集の安定基盤を確立する必要があるだろう。

我々にとっての機会となりえる事象は顧客の活性化である。具体的には普通科高校男子バレーボール部の競技力が高まり，バレーボールの継続意欲が高くなることである。また実業系高校の進学志向の高まりも期待したい。こういった機会を逃さないためにも実業系高校への定期的な情報収集を欠かしてはならない。

(3) クラブのミッションとビジョン

これらのマーケティング分析から，本クラブのミッションとビジョンを以下のように定めた。クラブのミッションは「学生募集を安定的に行い，東海リーグで2部程度の競技力を持つチーム」それを達成するためのビジョンを「岐阜県内の高校生，（ベスト8〜ベスト4程度の競技力）にターゲットを定め学生募集を行う」と「競技力よりも学生の大学生活や，素行に重点を置いた学生指導と募集活動」とした。募集計画については図表8-7のとおりである。

募集計画について評価すれば2016年度募集では8名の学生を確保することが出来た。中には高校時代にキャプテンを務めていた学生もおり，ある程度の成功といえる募集であった。

2017年度は積極的に高校との練習試合を設定し，プロモーション活動を行ったことが実を結び，10名の学生が入部予定である。この10名の中には練習試合をとおして本クラブを知った生徒や，前年度入学した学生の後輩にあたる生徒が，先輩を慕って入学を希望した生徒もいる。

在学しているオピニオンリーダー，有力なインフルエンサーの口コミが何より効果的なマーケティングになっていることがわかる。

(4) 大学運動部のトリプルミッションモデル

学生募集のマネジメントについて述べてきたが，運動部活動のマネジメントはそれだけではない。運動部活動に限らないスポーツ組織のマネジメント概念としてトリプルミッションモデルがある（平田，2012）。図表8-8に描かれたようにスポーツ組織は「勝利」「普及」「市場」のミッションをマネジメントすることが全体の好循環を生む

図表 8-7 学生募集計画（筆者作成）

男子バレーボール部　学生募集計画（5ヵ年）

	クラブミッション	学生募集を安定的に行い、東海リーグで2部程度の競技力を持つチーム
	クラブビジョン	岐阜県内の高校生、（ベスト8〜ベスト4程度の競技力）にターゲットを定め学生募集を行う
		競技力よりも学生の大学生活や、素行に重点を置いた学生指導と募集活動

	募集テーマ	競技成績	募集目標	現況と計画概要	募集する生徒像
2016年	看板作成	東海リーグ最下部在籍 岐阜県リーグ2部優勝	6〜8人前後	クラブの認知度は極めて低い。また部活動として活動しているものの、競技成績は無いに等しい。東海リーグでの成績が最下部の最下位であり、高校生が中部学院大学でバレーボールをやりたい、という基盤そのものが無い。最低でも6人確保する必要がある。その6人を中心に次年度以降の募集活動へつなげたい。	・競技成績が優れている ・キャプテンなど、後輩から慕われている生徒 （看板選手）
2017年	看板披露	東海リーグ4部昇格 岐阜県リーグ1部昇格	7人前後	確保した6人をもとに岐阜県内の高校生と練習試合を積極的に行い、クラブの認知を高める。クラブの存在を知ってもらい、教員や保護者、高校生がこのクラブに入りたい、と思わせるチーム作りを行う。	・バレーボールを継続する意欲がある生徒 ・キャプテンなど後輩から慕われている生徒
2018年	看板披露	東海リーグ3部昇格 岐阜県リーグ1部維持	7人前後	前年度同様、岐阜県内を活動の中心にすえ、練習試合を募集活動と位置付け、高校生との練習試合を積極的に行う。	・バレーボールを継続する意欲がある生徒 ・キャプテンなど後輩から慕われている生徒
2019年	看板披露	東海リーグ2部昇格 岐阜県リーグ1部維持	7人前後	前年度同様、岐阜県内を活動の中心にすえ、練習試合を募集活動と位置付け、高校生との練習試合を積極的に行う。	・バレーボールを継続する意欲がある生徒 ・キャプテンなど後輩から慕われている生徒
2020年	看板作成	東海リーグ2部維持 岐阜県リーグ1部維持	7人前後	4学年が揃い、クラブの完成年度となる。強化元年に確保した「看板選手」が卒業する。それにともなって新たな「看板選手」を確保したい。あの選手がいるから行きたい、という導線を引く。	・競技成績が優れている ・キャプテンなど、後輩から慕われている生徒 （看板選手）
2021年以降				以降サイクルを繰り返しつつ、安定的な学生募集を目指す。	

クラブの総人数は28名を予定（マイクロバス乗車定員）

4年に1度の周期で看板選手を確保する必要がある。

図表 8-8 トリプルミッションの定義

勝利	東海リーグで 2 部以上での戦い 最後まで諦めない姿勢の醸成
市場	高校への継続した訪問 学内でのポジショニング
普及	練習試合の受け入れ・参加 バレーボール競技普及活動への参加

平田（2012）を基に筆者作成

図表 8-9 トリプルミッションモデル

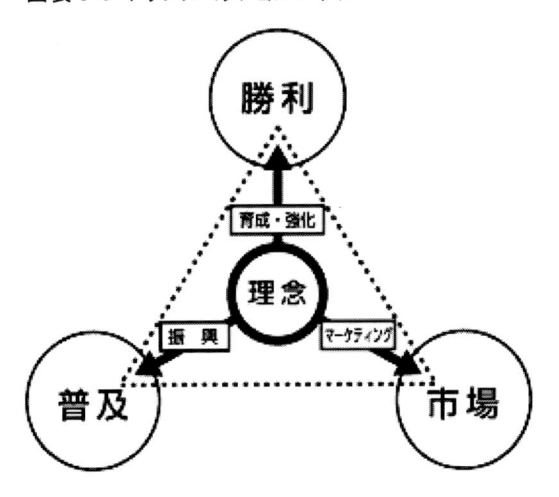

出典：http://www.waseda.jp/student/shinsho/html/69/6919.html

のである。そのためには本クラブのミッションやビジョンにもとづいた「勝利」「普及」「市場」を定義することが重要である。

第 6 節　おわりに

　大学運動部のマネジメントについて歴史的見地，現在の在り方，そして本学の男子バレーボール部を事例として解説をすすめてきた。本章では実務に

沿った内容を紹介してきたが，取り上げた考え方や手法が一般化できるかどうかは回答が難しい。なぜなら，ここでは紹介しきれなかった大きな要素として人とのご縁があったからである。

　岐阜県に縁もゆかりもなかった筆者だが，ご縁が巡り巡って，多くのつながりが生まれたと考えている。マーケティング手法やマネジメントについて体系的に学ぶことは出来るが，こういったご縁や信頼は一朝一夕では蓄積できない。

　ピーター・ドラッカーによれば全ては陳腐化するのである。また新たなマネジメントに向かって，目の前のご縁を大切にしたいと思う。

参考文献

全国大学体育連合編・発行（2016）「スポーツ・クラブ統括組織と学修支援・キャリア支援に関する調査」

友添秀則編著（2016）『運動部活動の理論と実践』大修館書店

中澤篤史（2008）「大正後期から昭和初期における東京帝国大学運動会の組織化過程：学生間および大学当局の相互行為に焦点を当てて」『体育学研究』第 53 巻第 2 号，315-328 頁

原田宗彦・小笠原悦子編著（2008）『スポーツマネジメント』大修館書店

原田宗彦編著（2008）『スポーツマーケティング』大修館書店

平田竹男（2012）『スポーツビジネス最強の教科書』東京経済新聞社

参考 URL

新鐘　http://www.waseda.jp/student/shinsho/html/69/6919.html　（最終アクセス　平成 29 年 12 月 28 日）

スポーツ庁　http://www.mext.go.jp/sports/index.htm　（最終アクセス　平成 29 年 12 月 27 日）

中部学院大学ウェブサイト　https://www.chubu-gu.ac.jp/index.html　（最終アクセス　平成 29 年 12 月 27 日）

第 9 章 スポーツ領域におけるリーダーシップ教育の実践と課題

第 1 節 背景

　岐阜県瑞穂市に位置する朝日大学に，2017 年 4 月より保健医療学部健康スポーツ科学科が開設された。本章では朝日大学でのリーダーシップ教育の取り組み，学外での実践に関する取り組みなどを紹介する。また，併せて実践を通して浮かび上がる課題についても提示したい。

　筆者の所属する朝日大学健康スポーツ科学科では，1 年次の必修科目としてリーダーシップ論を設置している。リーダーシップ論の講義では，1)　学生自身がリーダーシップを発揮する各場面・局面で，何が求められるか理論を参考にしながら判断し実行することができる，2)　講義を通して検討した事例から教訓を引き出し，自身が直面する課題解決に応用することができるようになることを到達目標としている。そして，ほとんどの受講学生が現役のアスリートとして日々競技力向上に励み，日本一をうかがう実績を持つクラブで活躍している。そのため，リーダーシップ論の講義では，卒業後のキャリアにおいてリーダーシップを発揮できることを最大の目標としながら，在学中に各クラブでの課題解決などの場面でリーダーシップを発揮できるよう，理論と実践における具体例をまじえながら講義が進められる。

　現状を鑑みると，学生自身も自らの置かれた状況や所属クラブを想定しながらリーダーシップについて学ぶ姿を見せている。15 回の講義を通し，誰がリーダーシップを発揮するのか，どう変革や革新を導くのか，そのなかで直面する障害にどう対処するのかを中心に考える機会の創出を目指している。学生は講義を聞くばかりでなく，毎回テーマに沿ったレポートを翌週の講義までに作成しアウトプットすることが課され，内省の場や理論を実践に落とし込みアウトプットするトレーニングの場にもなっているのではないだろうか。

　また，大学を離れたリーダーシップ教育の延長ともいえるが，スポーツチームの組織変革を支援する取り組みを行っている。組織変革を成功へと導くためのプロセスは，まさにリーダーシップの発揮の場ともいえるが，その組織変革に取り組む人々の支援

である。具体的には，あるチームでは GM（ゼネラルマネジャー），あるチームでは監督など，立場や肩書は様々だが，いかに変革を進めるかをテーマとしたコーチングを行っている。あくまでも，主体者はチーム関係者であり，筆者は対象となるチーム関係者との援助関係（Schein, 2012）を築き，それを継続することに徹している。こうした活動もリーダーシップ教育の実践のひとつといえよう。これらの活動で得た洞察は大学内での講義にも活かされ，大学内外の活動が相乗効果をあげるのではないだろうか。

　本章では，大学内外でのリーダーシップ教育にかかわる実践と，そこから浮かび上がる課題について論じるものとする。

　まずは，リーダーシップ教育を進めるなかで，特に重要と考えた下の 3 つの問いについて考えたい。

- 　リーダーシップを発揮するのは誰か？
- 　リーダーシップとマネジメントの関係は？
- 　リーダーシップが発揮されるのはいつか？

第 2 節　リーダーシップを発揮するのは誰か？

　リーダーシップを発揮するのは誰か？この問いへの答えを考えることが，リーダーシップ教育を始める際に最も重要であった。

　朝日大学 健康スポーツ科学科の学生の多くは高校を卒業するまで，多くのことを犠牲にしながら一生懸命にスポーツに打ち込んできた。その競技ないし部活動の場では，監督やコーチなどの指示や命令を忠実にこなすことが要求され，ほとんどの学生がその要求に忠実に応えてきた。そしてその経験から，リーダーシップとは役職的に上位の者が指示・命令を出し，その指示・命令により下位のものを従わせることだと考えている。しかし，本質的に上位者の強制力を伴う指示・命令は，リーダーシップの発揮には含まれず，単なる権限の行使に過ぎないのである。しかしながら，講義中に行われる対話や，学生一人ひとりのレポートからは，その考え方はこれまでの経験を通し，強固な固定観念として固着し，想像をはるかに超えて根が深いことがわかる。まずは，このまじめな勘違いともいえる固定観念をときほぐすことからスタートする

必要がある。これは世代や背景を問わずリーダーシップ教育ないしリーダーシップ開発を行なううえで最重要課題であり，リーダーシップを発揮するのは誰か？という問いは最も重要な問いである。

　さまざまな場でリーダーシップを育むことが求められているが，この現状を鑑みるとリーダーシップ教育をできるだけ早い段階から行う必要があるのではないだろうか。これについては，サーバントリーダーシップを提唱した Greenleaf （1977）が同様にその著書のなかで学校におけるリーダーシップの教育が必要だと言及している。Greenleaf がこれを示したのは 1970 年代であり，その当時からリーダーシップの不足が指摘され，いまだに解決していないことがわかる。リーダーシップをうまく発揮できるようになるためには，実践的経験のなかで最も効果的に学ぶことができることが分かっているが（McCauley et al, 1998），まずは，学校教育の場で専門家による教育を始めることが重要な一歩であろう。

　その重要な一歩目としてまず行ったことは「リーダーシップを発揮するのは誰か？」という問いに答えることであった。

　その重要な問いに対する多くの学生の答えは“役職”や“肩書”を示すものである。しかし実際には，組織のメンバーひとりひとりがリーダーシップを発揮することが必要である。望ましい未来の実現に向け何かを変える，何か新しく始めるために動き始めたとすれば，それはすでにリーダーシップを発揮しているといえる。それは特定の役職者や肩書きを持つ者に限らず組織のメンバーひとりひとりに実行可能なことである。有効に機能し高いパフォーマンスを発揮する組織に備わるものとして知的機動力という新しい概念が提唱されている（野中, 2017）。これは，リーダーのみならず組織成員一人ひとりが現実の市場や技術などの環境変化と組織の動きを感じ取り，組織のビジョンやゴールに向かって組織やその構成単位が常に正しい方向に進んでいるかを適時適切に判断しつつ，戦略や戦術をダイナミックに変えながら組織的に行動していくことであると定義されている。近年のリーダーシップ研究における heroic paradigm からの転換と同様に，組織成員一人ひとりのリーダーシップの発揮を強調した一節といえよう。

　リーダーシップの共有もしくはリーダーシップの分散という考え方は，既に広く認

知され実践の場でも積極的にリーダーシップの分散が意識的に進められている。しかしながら，朝日大学の健康スポーツ科学科において学生と交流するなかで，大学入学までにリーダーシップの教育を受けたという例は全く見当たらず，18歳前後までの世代を取り巻く環境においては，リーダーシップはいまだheroic paradigmのうえで考えられていることが見てとれる。

　これらのことから，まず導入段階でリーダーシップを発揮するのは誰か？の問いに対する答えは，「実現したい未来に向け，人を束ねて前に進めようとするあなた自身」であると理解してもらうことが重要である。

第3節　リーダーシップとマネジメントの関係は？

　つづいて重要な問いは，"リーダーシップとマネジメントの関係は？"である。なぜならば，"リーダーシップ"と"マネジメント"は，多くの人が区別せず混同しているからである。そして，そのことがリーダーシップを理解する大きな障害となっている恐れがあるからである。

　リーダーシップとマネジメント，このふたつの言葉を聞いたことがないという人はほとんどいないであろう。実際に，講義中にこのふたつについて聞いたことがあるかを学生に問えば，当然全学生たちは聞いたことがあると答える。ではリーダーシップとは何か？，マネジメントとは何か？という問いに対してはこれまでの経験から何らかの答えは返ってくる。しかし，このふたつのちがいを問うと，ほとんど答えが返ってこない。

　そこで，"リーダーシップ"と"マネジメント"のふたつの関係について考えるため，1枚の紙に二つの〇（円）を使って図（絵）として表現することを課題とした。すると，学生たちは様々なアイディアを披露するが，その多くは二つの円が一部重なる図，（図表9-1左上），もしくは，どちらがどちらかに内包される図（図表9-1右上），ほとんど二つの円が完全に重なる図（図表9-1左下）をつくった。そして，ごく一部が二つの円を完全に分離された図で"リーダーシップ"と"マネジメント"を表現した（図表9-1右下）。この最後の図が，"リーダーシップ"と"マネジメント"の二つの機能を整理するうえで適切な図であろう。つまり，"リーダーシップ"と"マネジメン

図表 9-1　リーダーシップとマネジメントの関係図の典型的なパターン

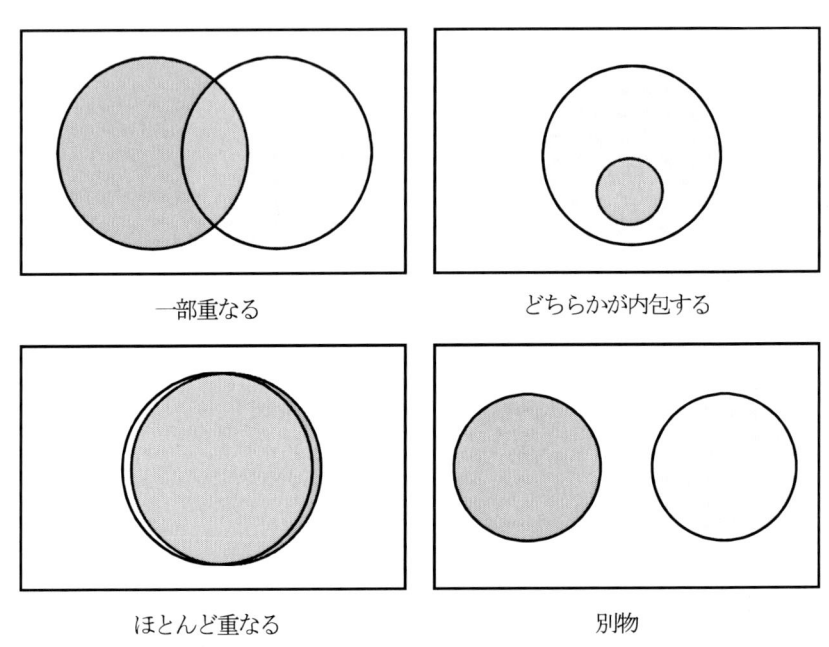

一部重なる　　　　　　　　　どちらかが内包する

ほとんど重なる　　　　　　　　　別物

筆者作成

ト"が全くの別の機能を持つ概念であることを表現しているのである。

　この1枚の紙上でリーダーシップとマネジメントの関係を表現する課題は，朝日大学内の講義に加え，キャリア教育に関する出前授業として帝京大学可児高等学校の生徒にも同様に実施した。その際に，帝京可児高校の二年生が非常にうまく表現した事例を紹介したい（図表9-2）。この回答例はリーダーシップとマネジメントのちがいをイメージとしてとらえるために秀逸であり，全くの別物であることをはっきりと伝えてくれる。結果的に帝京可児高校の生徒たちは，リーダーシップとマネジメントに関する理論的解説を経て，すぐさまリーダーシップとマネジメントが別物であることを理解した。この結果には，5人から6人のグループでこの課題にあたっており，どのグループもしっかりと議論したことが奏功したといえる。

　Kotter（2014）はリーダーシップとマネジメントを次のように区別している。リーダ

図表 9-2 リーダーシップとマネジメントをかけ離れたものと表現した例

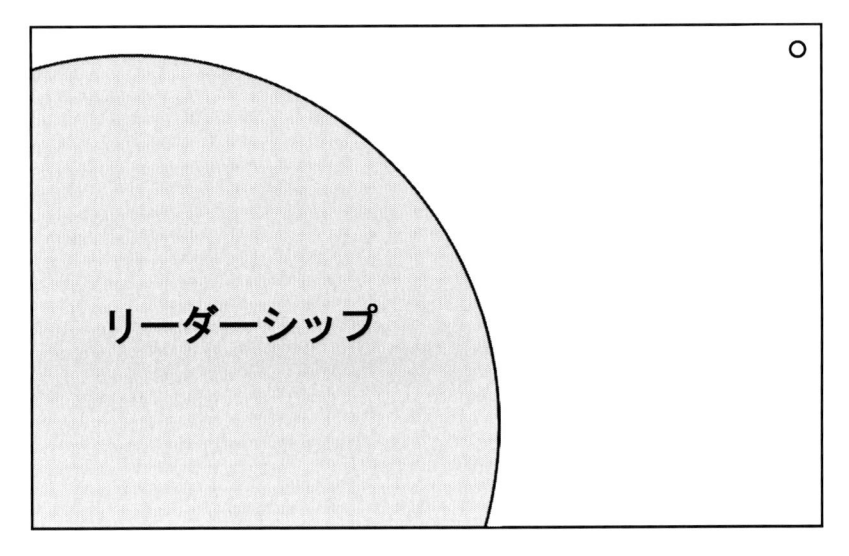

※　右上のごく小さな円がマネジメントを表しており，非常に遠い位置にあることを表現している。このくらい極端な表現をすることで全くの別のものとの理解が進む。

筆者作成

ーシップとは，"人の心を動かし，望ましい未来の実現へと突き動かす"機能であり，マネジメントとは，"組織が効率よく計画的に結果を出すための一連のプロセスを運営管理すること"としている。Kotter 同様，変革志向のリーダーシップ論を唱える Heifetz et al.（2009）は，適応（それぞれの組織が定義した繁栄へ向けた，新たな可能性や課題への適応）をリーダーシップにおける最重要課題としている。両者とも未来を志向し，環境への適応を見据えながら，成長や変化を実現するための営みをリーダーシップとしてとらえている。そして，既に経験した解決策が通用しない，解決策を新たにつくり出すことを要する課題に向き合う時にこそリーダーシップが求められるとしている。

　つまりリーダーシップとは，何かを大きく変化させたり，全く新しい方法を生み出すときに求められるといえる。もう少し具体的に表現するならば，リーダーシップに

は，大きな変化を遂げた後の姿をイメージさせる（ビジョンを示す），望ましい未来の実現に向け多くの人を巻き込む（鼓舞する），どのような方法で変化を遂げるか戦略的方針を決める（イニシアティブ），実際の仕事をメンバーの元に戻して委ねる（権限委譲）といった要素が含まれる。

　それに対し，マネジメントは計画を立て滞りなく進むよう調整するときに求められる。具体的には，誰が実行するのか（人材配置），予算などの資源をどのように分配するのか（予算管理）などが挙げられる。

　何かを大胆に変えたり，新しい何かをつくりあげるプロセスにおいて，リーダーシップとマネジメントは共に重要で不可欠であるが，実際に我々が行うこととして全く異なるのである。このことを理解すると，リーダーシップの理解も飛躍的に進み，実践的能力を身につけるスピードが早まることを実感している。リーダーシップとマネジメントが全くの別物と理解することは，次の重要な問いの答えを導くことを加速させる。

第4節　リーダーシップはいつ発揮されるのか？

　"リーダーシップを発揮するのは誰か？"に次いで重要な問いは，"リーダーシップはいつ発揮されるのか？"という問いである。この問いにおけるキーワードは，"変える"と"始める"である。

　リーダーシップを発揮する場は，これまでと違うことに取り組もうとするところにあるといえる。リーダーシップとは，未来を変えるために人々の気持ちを変え，組織を変え，どんな障害物にもくじけないよう導くプロセスである（Kotter, 2014）。

　つまり何かを変えようとするとき，または何か新しく始めようとするときにリーダーシップが発揮される。この点は，リーダーシップを学び実践的能力を身につけるうえで非常に重要である。何かを変えようとするとき，何か新しく始めようとするときにリーダーシップが求められることが理解できれば，自ずとリーダーシップが特別な肩書きや役割を持つ人だけのものではないことがわかるだろう。しかし同時に，何かを変えたり，何かを新しく始めることは一筋縄ではいかない困難なプロセスであり，それを乗り越え実現する意志とスキルが要求される。リーダーシップを学び，実践す

る力を身につけるためには，これらを理解する必要がある。もしリーダーシップを特定の肩書や立場に帰属させてしまうと，この理解はうまくいかない。誰しもが何かを変えようとするときや，新しく何かを始めようと動くときにリーダーシップを発揮していることを丹念に伝える必要がある。

　もし野球のバッティングコーチが，選手がバットを振り込む時間を大幅に増やしたいとすれば，守備の担当コーチと練習時間を取り合うことになるかもしれない。もしくは選手はその必要性を感じておらず強い反発を招くかもしれない。さらにはヘッドコーチや監督を巻き込むことが必要になるかもしれない。野球チームで練習メニューひとつ変更するだけでも，なぜバットを振り込むのかその必要性や危機感の共有を促す"良い目的"をつくること，賛同するコーチや選手を増やし共感を得ること，選手をうまく乗せること，なるべく早くその成果を実感させることなど，様々な障壁をクリアしていくことが必要である。

　現実にはここに挙げた以上に多くの厳しい障壁が現れる。そしてそれらを一つずつ乗り越えることで実現したい未来へと近づいていくのである。では，実現したい未来へ近づくために，つまりリーダーシップを発揮するなかで求められるスキルはどのように身につけることができるのだろうか。

　ここまでは，リーダーシップ教育において特に重要と考えた3つの問いについて述べてきた。これらは，リーダーシップを学ぶ基礎であり，この基礎的知識はリーダーシップを磨き上げる速度をあげるものでる。そして，ここからは実践的なスキルの習得に関する考察である。

第5節　リーダーシップの発揮に必要なスキルを磨く

　リーダーシップを発揮するうえで必要なスキルは多様である。なぜならば，ある目的を成し遂げるためにはありとあらゆる障壁をクリアする必要があり，その障壁は当然ながら画一的なものではない。その障壁をクリアする，もしくは問題に対処するスキルは，主に経験によって磨かれると考えられている。

　こうした経験を重視する基本的な考え方から，朝日大学内の授業の場では，必要なスキルについての学習は主に次の二つの形式をとった。1) ひとつひとつのスキルにつ

いて順々に解説することは避け，組織変革などの事例を挙げるなかで解説を行った，

2）チームビルディングの手法を体験的に学ぶ時間のなかで即興的課題解決に取り組み，その過程で出現した障壁や対処が必要になった出来事を自らの活動を振り返るなかで挙げてもらい，それらについて検討するラーニング・イン・ポイント形式で学習を進めた。

　こうしたリーダーシップ論のカリキュラムのなかで，現時点での最新のリーダーシップ理論，伝統的なリーダーシップ理論，リーダーシップの実践的スキルについて学習を進めた。特に，体験的に学習するなかで朝日大学の学生たちは，組織の生成から成熟する過程や，組織の成熟によるパフォーマンス向上などを学習した。

　そうした授業を振り返るレポートからは，課題解決に向け方針や方法を"変える"時や，新しくチームを"つくる（始める）"時に各メンバーのリーダーシップが求められることを実感したことが読み取れる。加えて，課題解決に向けてその解決方法がこれまでその組織で経験のないものであるときに，とりわけリーダーシップの発揮が求められる。そうしたリーダーシップが求められる瞬間を学生たちは短い体験のなかで感じ取っている。

　授業のカリキュラムとして，数週間にわたり5名から6名のグループで，課題解決にあたる時間を設けた。そのグループ編成は所属運動部・ゼミに注意し，できるだけ接点のないメンバーで編成した。朝日大学の運動部に所属する学生の多くは，学内での人間関係が所属する運動部と所属ゼミ内の関係に限定されている。そのため，筆者により決定されたグループ編成で集合し，課題が課されても多くのグループが機能しない状況に陥り，いわゆる"烏合の衆"といった状況をほとんどの学生が経験した。そうした状況から課題解決に向けて個々人がパフォーマンスを発揮し，さらには相乗効果を生み出すまでの過程をそれぞれが体験した。実際にすべての学生が高いパフォーマンスを発揮するにいたったわけではない。学生のレポートからはなかなかうまくいかず苦闘した様子も伝わってくる。しかしながら，うまくいったにせよ，残念ながらうまくいかなかったにせよ，何らかの教訓を得たことをうかがい知ることができた。授業のなかでも自らのリーダーシップについて振り返る時間をつくるが，授業後にレポートを書く作業も内省の機会になり，リーダーシップの向上に寄与していることを

実感している。人生経験の浅い大学一年生であるが，リーダーシップは経験により磨かれるという前提のもとで，こうした小さな体験を積み重ねていくことが重要であろう。以下は，ある回のレポートの原文である。1週間に90分という短い時間ではあるが，その経験のなかから何かを学び取っている大きな可能性が垣間見える。

3週間の授業を振り返って

○○○○○○○

　この3週間の授業では，ほとんど接点のない人たちとグループを組み，グループワークをすることが中心の授業であった。

　最初の1時間は全員で取り組むことが決まっていても誰も発言をせず，全く何もできずに1時間が終わってしまった。このグループで今後授業に取り組めるのかとても心配だった。周りに知っている人がいない環境で自分から話を切り出すこともできず，ファーストタッチの難しさを感じた。

　次の時間の授業では，自分の経験学習スタイルプロフィールを記入するものであった。1時間目とは違い，グループ内で他の人のスタイルと見比べて議論を交わすことができた。やはりスポーツ科と言うこともあり，データの収集など考えて行動するより具体的な経験が中心となるケースが多かった。この授業では多くの共通点が見つかり，そこから少しずつグループの仲間との会話が増えるようになりうまく意見交換を行うことができた。

　さらに3時間目の授業では，「おもしろレジャーランド」*がグループの課題として出された。最初は全く接点のない人たちであったが，3時間一緒に授業に取り組むと普通に話せるようになり課題がどんどんと進んでいった。さらに全員が色々な意見を出すことにより，楽しく，またスムーズに課題を進めることができた。この時間の振り返りを見てみると，それぞれの役割分担を決めて各個人がその役割がしっかり果たせていた為，話がスムーズにまとまっていったのではないかと考える。

　このように，初めてあった人でも1つの小さな共通の目標さえあれば，3時間だけで打ち解け合うことができるのである。この3週間に及ぶ授業の

中で気づいたのは，ファーストタッチの大切さである。グループとしてのチーム作りや，リーダーシップを発揮して行く上でこの最初が一番肝心で，一番困難であるのではないかと思った。誰かが始めなければいつまでたっても進展はしないし，逆に誰かがそこを克服できれば早い段階から良いグループワークを行うことができる。そうすることで，回を重ねるごとにより深い関係性を築き課題についてもどんどんとアイデアが浮かんでくるのではないだろうか。さらに，役割分担を決めることも重要だと思った。これは部活動なのでも同じで，まとめる人やたくさん意見を言う人など自分たちの中で自然に役割が決定されて行くと，スムーズに進めることができると思う。役割があれば，他人に任せるのではなく自分で考えそこから議論が始まって行くのでこれも生産性のあるグループワークを行うためには必要不可欠なものだと感じた。

　リーダーシップ論を履修して学んできたことを，いざグループワークでやるとなると行動に起こすのが難しいと思った。自主性や協調性さらにリーダーシップを発揮することは頭で考えるよりも何倍も大変であったが，部活動の中などでもっと鍛えていざという時に発揮できるような人になりたいと感じた。

　*星野欣生（2007）職場の人間関係づくりトレーニングのツール，金子書房

グループワークで自分のリーダーシップや，チーム作りについての気づき

〇〇〇〇〇〇〇

　私はこの 3 週間のグループワークにおいてたくさんのことを経験し気づくことができた。共通目的を持つことの重要性，自分から発言して積極的にグループ内でコミュニケーションをとることの重要性，自分の"人見知り"という性格上，慣れなければ自分からは発言することが少ないこと，またグループ内に社交的な人が一人でもいるだけでグループが活性化されることなどがわかった。

　まず，最初のグループワークで自己紹介も兼ねて一人 5 分間のインタビ

ューを行った。その時にメンバーの部活や好きな食べ物，嫌いな食べ物などの一般的な質問から，部活に関してや私生活に関してなど深い質問をすることで，メンバー一人一人の特徴や性格的なものも知ることができた。この5分間のインタビューをすることで寄せ集めのお互いのことを何も知らない烏合の衆からしっかりとしたグループになることができた。

　2週目のグループワークでは簡単なゲームをした。この時，自分のカードを見せてはならないなどのルールが設けられていたため，いやでも発言してコミュニケーションを取っていくしかない。また，ゲームの課題を達成するという"共通目的"をグループメンバーがしっかりと持つことができたので，"共通目的"がある時のチームの力というものを経験することができた。

　最後の週のグループワークでは，ある項目の中でどれが最も"破壊的イノベーション"であるかをグループ内で決め，理由を論理的にまとめるものであった。だがこの週は欠席者が多く，前の2回のメンバーではなく新しいメンバーを加えてのグループワークになった。そのため，全く知らない人がメンバーになってしまったので私はうまく発言することができずに，グループワークも中途半端に終わってしまったという印象がある。この時に改めて，お互いを知っているということは重要なことだと身を以て知ることができた。

　私はこのグループワークであまりリーダーシップを発揮することができなかった。お互いを知ること，共通目的を持つなど重要なことは理解できたが，たとえ知らない人の前でもリーダーシップを発揮できる人間にならなければならないと思う。部活でチームをより良くするためには，みんなが発言して，それを頭ごなしに否定しないことが大切だと思う。また，個人の目標だけでなくチームとしての共通の目標を立てることで，一人一人の温度差がなくなり，目標達成させるための大きな勢い・力になると考える。

第6節 リーダーシップを育てる

リーダーシップ教育で実践すべきことは次のふたつである。ひとつめは，リーダーシップスキルの発達を促す経験のデザイン，ふたつめは，その経験からの学習を加速させるリーダーシップの基本的な知識の習得である。

リーダーシップ開発は，経験から学習することを中心に据えて進めることが肝要であろう。70-20-10 の法則は広く知られており，リーダーシップを伸ばすものは70%が経験，20%が薫陶，10%が座学と考えられている（Lombardo & Eichinger, 2000）。こうした研究結果やCCL（Center for Creative Leadership）のリーダーシップ開発モデル（図

図表 9-3 リーダーシップ開発モデル

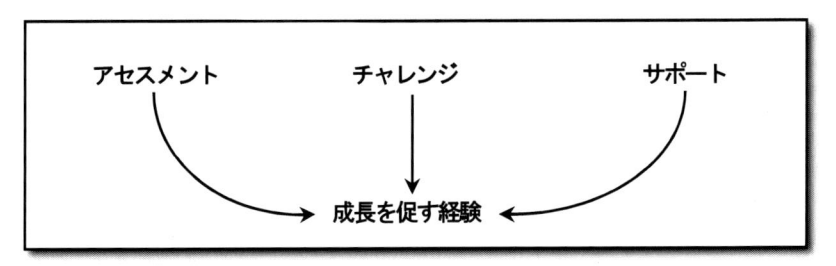

(a) 成長を促す経験

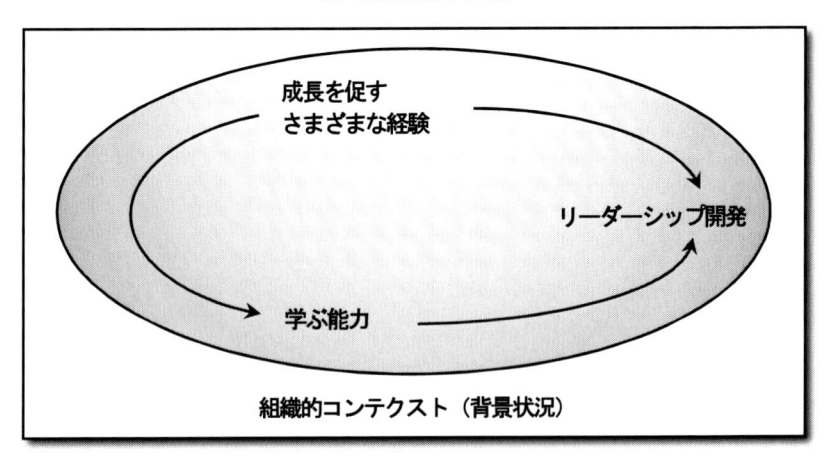

(b) 能力開発過程

出典：McCauley et al.（1998），p.6，邦訳，6頁

表 9-3) を参考にすると，質の良い経験をデザインすること，経験学習を加速させるリーダーシップに関する基礎的知識を習得することが重要であろう。大学の講義においては座学が中心になる。座学からの学習は優れたリーダーシップに 10％しか寄与しないと考えられる。しかし，それでも座学によりリーダーシップを学ぶことには大きな意味がある。なぜならば，リーダーシップとは何か，その基本を理解していることが経験からの学習を加速させると考えられるからである。先述した朝日大学での授業でチームビルディングの手法を用い，チームをつくり，課題解決にあたる実習の時間を設けている。そのなかでそれぞれの学生が何をどのように学習しているのか観察すると，座学でリーダーシップの基本が身についている学生ほど多くの学びや気づきを得ているようにみえる。それは，学生たちのレポートからも読み取ることができる。

リーダーシップ教育の目的は一人でも多くの人が，より良いリーダーシップを発揮できるようにすることである。これを実現するためには，リーダーシップとは何か，その基本を理解すること，リーダーシップの学習を促す経験をデザインすることの 2 つが重要であろう。

第 7 節　スポーツチームの支援

これまでは主に大学などの教育の場における実践を紹介してきた。ここからは，スポーツチームの支援の場で行うリーダーシップ教育に関する実践について紹介する。

現在，朝日大学を拠点に大学，高校，実業団といった複数の異なるカテゴリーのスポーツチームの支援を行っている。いずれのチームも競技力向上をはかり，より上位を目指そうとする意欲にあふれたチームである。いずれのチームもより上位を目指すため常に“何かを変える”ことに挑み続ける必要がある。そこには多くの人のリーダーシップが求められるということでもある。

例えば実業団チームの GM のリーダーシップ求められる場の一つは，大局を見ながらチームを変革へと導くことである。実業団チームの GM となれば，選手を見るだけでなく，コーチ，ヘッドコーチ，監督など競技に直接かかわるメンバーばかりか，場合によっては企業経営陣や外部の支援者など様々な立場の人々を巻き込みながら変革を推し進めることが役割である。これには，GM ひとりのリーダーシップだけでは

不足である。企業経営陣を味方につけ変革の協力者とし，監督・コーチ陣を巻き込み，選手を鼓舞しめざす姿を実現するためには，実現したい未来に向けて各メンバーがそれぞれの持ち場でリーダーシップを発揮することが求められる。

　一方で大学スポーツの監督という立場では，選手を中心とした学生といかに変革を推し進めるか，さらにはいかに学生自身に変革を進めさせるかを考えることになる。競技力の向上と学生教育の2つの視点を持ち，時には競技力の停滞を覚悟し，教育的観点を優先しながら変革を成し遂げることに昼夜取り組んでいる。この学生チームにおいては，多くの学生は監督・コーチが課題解決への解答を教えてくれることを期待している。しかしながら本当に適応が必要な，チームにとって重要な課題に対する答えは専門家でさえも持ち合わせていない（Heifetz & Linsky, 2002）。その答えを自ら導き出し学習する能力が問われているのである（Senge, 1990）。そのためにはやはり，ひとりひとりのメンバーによるリーダーシップの発揮が求められるのである。

　端的にいえば，変革に取り組もうする人々の声に耳を傾ければ，いずれも目指すところは，先述の知的機動力を備えた組織づくりである。そして，その知的機動力を備えたチームへ変身を遂げるための第一歩として，各メンバーのリーダーシップへの理解と，実際の各メンバーのリーダーシップの発揮を促す取り組みが必要である。

　実践的な取り組みとして，1）組織変革に挑むチームのGMや監督などへのコーチング，2）各メンバーのリーダーシップを育てる定期的なチームビルディングに着手した。この取り組みのなかから，すでに組織変革における新たなフレームワークの提案にも着手している。こうした新たな知見を一つでも多く創出し発信することが今後の課題の一つである。

第8節　これからのリーダーシップ教育の課題

　ここで最初に取り上げるのは，誰に対してリーダーシップ教育を行うかについてである。リーダーシップ教育に取り組むなかで，社会人，大学生，高校生と対話する機会があった。そうしたなかで，リーダーシップに関する基礎的知識の習得が最も容易なのは高校生であると感じている。次に大学生，最後に社会人と続く。これは，リーダーシップに関する教育が行われず，各人が漠然とリーダーシップを定義し持論を構

築していることに原因があるかもしれない。本章で取り上げたリーダーシップを学ぶ際の3つの基本的な質問について考える機会を，できるだけ早く設ける必要があろう（リーダーシップを発揮するのは誰か？，リーダーシップとマネジメントの関係は？，リーダーシップが発揮されるのはいつか？）。CCL のリーダーシップ開発モデルの学ぶ能力にかかわる問題である。リーダーシップを適切に理解することで，日々のリーダーシップを発揮する経験や，他者のリーダーシップに触れる経験などを通じた学習が促進すると考えられるからである。リーダーシップの不足は古くは Greenleaf (1977) に始まり多くの研究者や実務家が指摘しているが，その解決へ向けできることの一つとして，リーダーシップ教育の対象を子どもまで広げ，早いうちからリーダーシップに関する適切な理解を拡大することが挙げられるのではないだろうか。

そして，もう一つの今後のリーダーシップ教育に関する課題は，大学におけるリーダーシップ教育の課題と言えるが，より具体的な経験と結びついたリーダーシップ教育の場をつくることである。何かを"変える"機会や，何か新しく"始める"機会はすべてリーダーシップ教育の場になり得る。Heifetz et al.（2009）は，人生をリーダーシップの実験場ととらえることを推奨しているが，実際に人生のあらゆる場面でリーダーシップが問われている。新商品の提案などマーケティングやイノベーションなどと結びつけたアクティブ・ラーニングの取り組みが非常に多く見受けられる。それらと同様，より具体的で実戦的な経験のなかでリーダーシップについて学ぶ機会を大学のなかでも創出する工夫が必要であろう。講義は経験から学ぶ能力を向上させるために不可欠であり，重要であろう。しかしながら，人生のなかで偶然遭遇する機会を利用して学ぶだけでは十分とは言えないだろう。社会全体のリーダーシップ不足の解決のためには，意図して機会を創出しリーダーシップを磨く機会を創出する取り組みが必要ではないだろうか。

参考文献

Greenleaf, R. K.（1977），*Servant Leadership : A Journey into the Nature of Legitimate Power and Greatness*, The Robert K. Greenleaf Center, Inc.

Heifetz, R. A., Linsky, M.（2002），*Leadership on the Line : Staying Alive through the Dangers of Leading*, Harvard Business Scholl Press. （竹中平蔵訳『最前線のリーダーシップ』ファーストプレス，2007 年）

Heifetz, R. A., Linsky, M. & Grashow, A. （2009），*The Practice of Adaptive leadership: Tools and Tactics for Changing Your Organization and the World*, Harvard Busiiness Review Press. （水上雅人訳『最難関のリーダーシップ―変革をやり遂げる意志とスキル』英治出版，2017 年）

星野欣生（2007）『職場の人間関係づくりトレーニング』金子書房

Kotter, J. P. （1999），*On What Leaders Really Do*, Harvard Business School Press.

Kotter, J. P. （2014），*Accelerate : Building Strategic Agility For a Faster-Moving World*, Harvard Business School Press.

Lombardo, M. M. & Eichinger, R. W. （2000），*The Leadership Machine: Architecture to Develop Leaders for Any Future*, Lominger Ltd Inc.

McCauley, C. D., Moxley, R.S., & Velsor E. V. （ed.） （1998），*Handbook of Leadership Development: The Center for Creative Leadership*, Jossey-Bass Inc. （金井壽宏監訳『リーダーシップ開発ハンドブック』白桃書房，2011 年）

野中郁次郎（2017）『知的機動力の本質―アメリカ海兵隊の組織論的研究』中央公論新社

Schein, E. H. （1999），*Process Consultation Revisited : Building the Helping Relationship*, Addison-Wesley. （稲葉元吉・尾川丈一訳『プロセス・コンサルテーション―援助関係を築くこと』白桃書房，2002 年）

Senge, P. M. （1990），*The Fifth Discipline : The Art and Practice of the Learning Organization*, Doubleday. （枝廣淳子・小田理一郎・中小路佳代子訳）『学習する組織―システム思考で未来を創造する』英治出版，2011 年）

第 10 章　経済・経営系スポーツマネジメント学科運営実践の現状と課題—岐阜経済大学スポーツ経営学科の事例から—

第1節　スポーツ経営学科設立の経緯

　岐阜経済大学は岐阜県の南西部の都市である大垣市にキャンパスを構える学生数約 1300 人の地方小規模私立大学である。大垣市は岐阜県第 2 位の人口を擁し，古くから東西交通の要衝として，経済・文化 の交流点として栄えてきた。地元政財界，教育界からの要請を受け，岐阜県下初の社会科学系大学として 1967 年に開学し，2017年で開学 50 周年を迎えた。建学の精神・基本理念として，「自主・自由」，「全人教育」，「地域との共生」を掲げ，「地域に有為の人材を養成する」ことを教育目的としている。大学設立当初は経済学部経済学科の単科大学から始まり，幾度かの学部学科の再編により，現在の 2 学部 4 学科の大学となった。

　その再編の一つとして2006 年に設立されたのが経営学部スポーツ経営学科である。設立の経緯は，スポーツマネジメントを学ぶ環境をつくりたいという理念を持ったものではなく，地方の小規模私立大学の生き残りをかけた戦略の一つとして行われたある意味で消極的なものであった。

　1990 年代の団塊ジュニア世代の大量進学の時期が終わり，18 歳人口の本格的な減少に伴う受験生マーケットの縮小によって，2000 年前後から入学者数の急激な減少が始まった。そこで入学者を確保するために“スポーツを活かしての学生募集”が大学内で検討された。当時の理事長が日本ボート連盟の要職についていることから，日本の大学トップレベルで争えるボート部を育てるという方針のものとで，2001 年度よりAO 入試によるボート同好会へのスポーツ入学生の受け入れという形で開始された。さらに翌2002 年度には，スポーツ推薦が開始され，ボート部以外にも硬式野球部や陸上競技部のスポーツ入学生の獲得に効果をもたらした（岐阜経済大学，2017b）。その後，増え続けるスポーツ入学生に対してスポーツの競技力向上だけでなくスポーツの学びを保証するためにスポーツ関連学科の設置が検討されることとなった。

　当初は既存の福祉系学科と新設のスポーツ系学科とを合わせて健康福祉学部とする計画であったが，そのために経営学部を廃止することによる対外的マイナスイメー

ジやスポーツ産業の急激な発展に対して経営学的な側面からの学びを与えること，経営学部にいる人材の有効活用などの点について検討した結果，経営学部の中にスポーツ系の学科を作ることとなった。

　このようにスポーツ経営学科は，スポーツ入学生の受け皿として経営学部の中に開設された。そのため純粋にスポーツ経営学（スポーツマネジメント）を学ばせる学科という考えではなく，経営学を学びつつスポーツ活動をするために必要な知識を学ぶ場という形でスタートすることになった。当時のスポーツ推薦入学者の数をもとに学科の定員を 70 名としたところ，予想をはるかに超える 258 名が入学し，学生募集の面からは大成功を収めた。2 年目の 2007 年度からは定員を 150 名に変更し，現在に至る。

第 2 節　スポーツ経営学科のカリキュラム

　消極的な目的から入った学科の再編であるが，スポーツ経営学科開設後にはスポーツマネジメントを学ぶ場としての充実が図られてきた。

　スポーツ経営学科では，経営学，スポーツ経営学，スポーツ科学を複合的に学び，スポーツ・教育・健康関連事業の発展に資することのできる人材の育成を教育目的としている（岐阜経済大学，2017a）。カリキュラムは一般教養としての基礎教育科目，語学，体育実技と，専門教育科目，ゼミナール，就職資格支援科目から構成されている。スポーツ経営学科の専門教育科目は学科必修科目，経営学基礎科目，コース科目（スポーツビジネスコース，スポーツ教育コース）およびスポーツ実習の 4 つの分野から成り立っている，それぞれの分野の内容と科目は図表 10-1 の通りである。

図表 10-1　スポーツ経営学科における専門教育科目

分野	内容	科目名
スポーツ経営学科必修科目	スポーツ経営学科で学んでいく上での入門となる科目	経営学，スポーツ原論，スポーツ経営論
経営学基礎科目	最新の経営技術を理解するのに必要な経営学と会計学の基礎知識と関連する情報学の基礎知識を身につける	経営戦略論，経営管理論，経営組織論，現代企業論，企業経営の歴史，マーケティング論，販売管理，ネットワーク経営，ベンチャービジネス，ソーシャルビジネス，中

		小企業論，人材育成論，国際経営論，ケースメソッド演習，簿記Ⅰ，簿記Ⅱ，企業会計，原価計算，国際会計，経営財務論，情報と社会，情報と職業，情報技術史，情報通信戦略
コース科目	地域や職場で積極的にスポーツに関わっていく上で必要な地域とスポーツ科学の基礎知識と，スポーツ産業・経営の理論と実際，スポーツ指導に関わる理論と実際などをコースに分かれて学ぶ	**コース共通科目：** 地域スポーツ論，コーチング論，スポーツボランティア，スポーツ経営演習Ⅰ，スポーツ経営演習Ⅱ
		スポーツビジネスコース： スポーツマーケティング，スポーツ組織論，スポーツ産業論，レジャー産業論，スポーツ映像，スポーツ社会学，スポーツクラブ経営論，スポーツ行政，体育経営管理学
		スポーツ教育コース： 生涯スポーツ論，スポーツ心理学，スポーツ史，生理学・運動生理学，運動学・運動方法学，スポーツ動作分析，スポーツ栄養学，衛生学・公衆衛生学，学校保健，レクリエーション演習，トレーニング演習，障害者スポーツ演習，コーチング演習，サッカーC級コーチ演習，体育授業インターンシップ，課外体育インターンシップ
スポーツ実習	各スポーツの基礎技術とルールなどを身につける	体つくり運動，陸上競技，器械運動，水泳，柔道，野外活動，ダンス，バレーボール，バスケットボール，ソフトボール，サッカー

岐阜経済大学（2017a）を参考に筆者作成

　スポーツ経営学科は経営学部にあるため，開講されている科目には一般経営学系のものが多い。これは体育・スポーツ系学部にはない特徴である。一般経営学の分野では概論として経営学全般を学んだ後，各論として，経営管理論や経営組織論，マーケティング論などを学んでいく（小松，2003）。この表を見ると本学科における一般経営学分野の科目は深い演習的な科目については少ないが，基礎的な科目については一通り用意されていることが分かる。

　一方，スポーツ科学に関連した科目についてみると，体育・スポーツ系の学科であ

れば通常用意されているはずの解剖学やスポーツ医学、測定評価学などの科目が用意されていない。スポーツ科学分野の科目としては，中学・高校の保健体育の教員免許を取得するために最低限必要な科目と，スポーツ経営学科のカリキュラム作成時に在職していた教員の専門に関連した科目が中心となっている。

スポーツ経営学科の学びはスポーツビジネスコースとスポーツ教育コースの2コースに分かれている。スポーツビジネスコースでは，スポーツ産業界をリードする人材を養成することを目的とし，「スポーツをテーマとした仕事に進む」ための基礎知識および健康・スポーツ産業における管理運営能力やマーケティング能力など総合的なマネジメント能力の習得を目指している。また実感を持ってマネジメント能力を修得するため，スポーツ関連企業や団体の現場における実践教育も重視することとしている。一方のスポーツ教育コースでは，学校教育から生涯教育まで幅広い教育分野に対応できる人材を養成することを目的とし，専門的なスポーツ科学の知識やコーチング理論を学び，発達段階に応じた適切な対処と競技力向上のための様々な知識を修得することを目指している（岐阜経済大学, 2017a）。スポーツ経営学科の中で，より深くスポーツマネジメントを学ぶのがスポーツビジネスコースという事になる。

学生は1年生後期開始時にコースを選択することになっているが，コースごとの定員は設定されておらず，学生の希望により決定される。毎年3割前後の学生がスポーツビジネスコースを選択する。2016年度入学生においては159人中50名がスポーツビジネスコースを選択している。この割合が多いか少ないかの判断は難しいが，体育系大学では8～9割の学生が「体育の先生になりたい」と入学してくるとも言われており（松岡他, 2010），体育教員を目指す場合には当然「スポーツ教育コース」を選択することになることから，逆に考えると「スポーツビジネスコース」を選択する学生は1～2割程度という事になる。それと比較すると本学の入学生ではスポーツマネジメントに興味を持つ割合は比較的高いと考えられる。しかし一方で，コースの違いについて十分理解しないまま受講科目を選択してしまう学生も存在し，4年次の卒業間際になってコース科目の単位が不足していることに気づき慌てるといった状況も存在する。

スポーツ経営学科の教員の構成を見てみると，体育・スポーツ系が6名，経営系が

6 名，一般教養系が 3 名となっている。それまで一般体育のために経済学部，経営学部に分散していた体育・スポーツ系の教員は，学科設置のために経営学部スポーツ経営学科に集められたが，経営学部の中のスポーツ系学科であるため，スポーツ専門の学科と比較して体育・スポーツ系の専任教員の数は少ない。2017 年時点で在職している体育・スポーツ系教員の専門はスポーツマネジメント，スポーツ心理学，スポーツ哲学，レクリエーション論，運動生理学，体育科教育学である。経営学部の共通した学びである経営学基礎科目については，スポーツ経営学科所属の教員に加え，経営学部のもう一つの学科である情報メディア学科所属の経営，会計専門の教員 6 名や非常勤講師も担当している。

　現在日本ではスポーツマネジメントの学びがこうあるべきというガイドラインはないが，スポーツマネジメントの研究・教育の先端を行く北米では，全米スポーツ体育連盟（NASPE）と北米スポーツマネジメント学会（NASSM）の共同委員会においてカリキュラムのガイドラインが作成されており，そこでは学ぶべき領域が 10 に分けられている（松岡，1999；小笠原，2008）。図表 10-2 にガイドラインで示されたスポーツマネジメント課程で学ぶべき 10 の領域とスポーツ経営学科での対応科目および岐阜経済大学で開講されている関連科目について示した。

図表 10-2　スポーツマネジメント教育の領域とスポーツ経営学科における対応科目

	領　域	学科専門科目	学部科目，一般科目
1	スポーツの社会文化的局面（Socio-Cultural Dimensions in Sport)	スポーツ原論スポーツ社会学	
2	スポーツにおけるマネジメントとリーダーシップ（Management and Leadership in Sport)	スポーツ組織論体育経営管理学	経営組織論人材育成論
3	スポーツマネジメントにおける倫理（Ethics in Sport Management)	対応科目なし	倫理学
4	スポーツマーケティング（Marketing in Sport)	スポーツマーケティング	マーケティング論消費者行動論

5	スポーツコミュニケーション (Communication in Sport)	対応科目なし	広告論
6	スポーツのファイナンスと予算 (Budget and Finance in Sport)	(スポーツクラブ経営論)	経営財務論 企業会計 （中小企業論）
7	スポーツ経済学 (Economics in Sport)	対応科目なし	経済学
8	スポーツ法学 (Legal Aspects of Sport)	対応科目なし	労働法 民法，法学
9	スポーツに関する政策，行政 (Governance in Sport)	スポーツ行政 生涯スポーツ論	(政治学)
10	スポーツマネジメントの実践 (Field Experience in Sport)	スポーツボランティア	ボランティア インターンシップ 地域フィールドワーク

松岡（1999），小笠原（2008）を参考に筆者作成

　スポーツ経営学科のカリキュラムをガイドラインに照らしてみると，10の領域のうち5領域では対応した科目が開講されている。スポーツのファイナンスと予算の領域では，会計に関する基本的知識，予算の組み方，資金の調達方法について学ぶ領域であるが，本学科のスポーツクラブ経営論では，スポーツクラブにおける資金の調達方法についての内容があるため部分的にはガイドラインの内容を満たしている。一方，スポーツマネジメントにおける倫理，スポーツコミュニケーション，スポーツ経済学，スポーツ法学については対応する科目が存在しない。岐阜経済大学で開講されている一般経営学など関連科目についてみると，スポーツの社会文化的局面とスポーツに関する政策，行政については，スポーツに固有のものであるため経営学部科目や一般教養科目には対応する科目が存在しないが，それ以外の8領域については経営学部の共通科目や全学の一般教養科目として開講されている。

　上述の通り岐阜経済大学スポーツ経営学科では，学科の専門科目および学部科目，一般教養科目において，スポーツマネジメントに関連する科目を多く開講している。しかし本学科ではこれらの多くを選択科目としたため，用意されたすべて科目の単位を取得するわけではなく，これらの科目の中から自分が選択したコースに合わせて，

また自分の興味にあわせて科目を選択していく。そのためスポーツマネジメント系の学びが少ない学生も出てきてしまうことになる。

そこで系統的な学びを保証するために，学科開設 2 年後の 2008 年に大学独自の資格である「地域スポーツマネジャー（CSM）」を制定した。従来，スポーツ系の資格というと実技指導に関連するものが中心であった。しかし現代の地域スポーツの状況においては，単なる実技指導のみならず，クラブの「運営」，「資金」の調達，スポーツイベントへの参加者増加のための「マーケティング」，「リーダーシップ」のありかたなどといった「経営」的な課題も多いことから，体育学と経営学とを融合させ，マネジメントの能力を育成するためのカリキュラムが開発された。

図表 10-3 に CSM のカリキュラムの概略を示した。地域におけるイベントを企画・運営・実行する能力を身につけるために，系統だった学びができるように計画されている。まず 1 年次において経営学を必修とし，そのうえで 2 年次までにマネジメント分野，マーケティング分野，体育スポーツ分野からそれぞれ基礎的な科目を受講し必要な基礎知識を身につける。またそれと同時に基礎演習・演習 I での活動を通じて基本的な読み書き，コミュニケーション，プレゼンテーションの能力を身につける。さらに体験・インターンシップ課程としてスポーツ現場や企業等でのマネジメントの実践を経験することになる。1,2 年次に身につけた基礎的な知識を実践力へと発展させるために，3,4 年次の専門ゼミ（演習 II および演習 III）においてプロジェクトベーストラーニング（PBL）として体育・スポーツイベントの企画を実際に行う。例えば大垣市体育連盟と協力し子どもの運動教室を開催したり，レクリエーション協会と連携したレクリエーションイベントを開催したりしている。これらの課程で必要な単位を修得することにより，地域スポーツマネジャーの資格を取得することができ，地域におけるイベントを企画・運営・実行するといったスポーツマネジメントに関わる知識及び実践能力を身につけたことを保証している。資格取得者には卒業式において資格認定証が授与される。地域スポーツマネジャー資格取得者数は，1 回目の資格認定者である 2011 年度には 59 名と多く，それ以降は毎年平均 30 名程度ずつ資格取得者を輩出し，2016 年までに合計で 171 名が認定されている。

スポーツマネジメントのすぐれた実践者となるためには，理論とともに実践の経験

図表 10-3 地域スポーツマネジャー資格概略

「地域スポーツマネジャー」資格認定

3・4年次	**PBL（Project Based Learning）課程**…演習Ⅱ（3年次・必修）、演習Ⅲ（4年次・必修）／スポーツ経営演習Ⅰ・Ⅱ（※注1） 課題…………指定された大きなテーマを実現するためのプログラムを自ら企画、運営し、最後までやりきる。 達成目標………与えられたテーマに対して、具体的な課題を自ら考えて、それを解決する。 求められる力…責任感、企画力、実行力、コミュニケーション力、チームで働く力。

専門学習課程…3分野から必ず1科目以上単位取得の上、合計16単位		**演習Ⅰ（2年次・必修）…4単位**	**体験・インターンシップ課程…2単位**
＜マネジメント分野＞ 1．企業経営の歴史（2年次）② ［経営理念］ 2．経営戦略論（2年次）② ［経営戦略の理論とケース］ 3．企業会計（2年次）④ ［経営分析］ 4．人材育成論（3年次）② ［リーダーシップ］ 5．国際経営論（3年次）② ［企業の国際展開とスポーツ用品企業］ 6．特別活動論（2年次・教職）② ［学校の体育行事の指導論］	＜体育・スポーツ分野＞ 1．スポーツ心理学（2年次）② ［スポーツにおけるモチベーション］ 2．スポーツ史（2年次）② ［世界の最高峰に挑戦するスポーツのマネジメント方法 オリンピック大会を通じて…］ 3．スポーツ社会学（2年次）② ［スポーツイベントの社会学］ 4．生涯スポーツ論（1年次）② ［生涯スポーツにおけるスポーツイベントの役割］ 5．教育課程論（2年次・教職）② ［教育行事がもつ教育的価値］ 6．特別活動論（2年次・教職）② ［対外試合の歴史と課題］	＜マーケティング分野＞ 1．現代企業論（2年次）② ［製品開発］ 2．中小企業論（※スモールビジネス）（3年次）② ［ネットワークと企業］ 3．経営管理論（2年次）② ［ブランドのマネジメント方法］ 4．情報通信戦略（※情報技術戦略論）② ［スポーツと情報技術の活用］	・課題…自分の考えを論理的に説明し、プレゼンテーションができる。 ・達成目標…自分でわかりやすい資料を作成し、それをもとにプレゼンテーションができる。また、他者のプレゼンテーションの批評ができる。 ・求められる力…表現力、プレゼンテーションスキル、文章構成力。	・課題…ジョブシャドーイング ・達成目標…行事・仕事を運営者側の視点から見て、その苦労や努力を理解する。 ・求められる力…理解力 【対象科目】 1．スポーツボランティア（1年次）② （※スポーツ経営実務） 2．ボランティアA（1年次）② 3．ボランティアB（1年次）② 4．地域フィールドワーク（1年次）② 5．インターンシップA＜企業＞（2年次）② 6．インターンシップB＜学校＞（2年次）② 7．課外体育インターンシップ（※インターンシップC＜課外体育＞）（3年次）②

基礎学習課程…3分野から必ず1科目以上単位取得の上、経営学を含めて合計12単位		**基礎演習（1年次・必修）…4単位**	
＜マネジメント分野＞ 1．スポーツ経営論（1年次・必修）② 2．経営と環境（1年次）② 3．経営組織論（2年次）② 4．体育経営管理学（3年次）②	＜体育・スポーツ分野＞ 1．スポーツ原論（1年次・必修）② 2．スポーツ行政（3年次）② 3．地域スポーツ論（1年次）② 4．コーチング論（1年次）②	＜マーケティング分野＞ 1．スポーツマーケティング（2年次）② 2．スポーツ産業論（2年次）② 3．レジャー産業論（2年次）② 4．簿記Ⅰ（1年次）④	・課題…自分の考えを整理し、主張することができる。 ・達成目標…基本的な読み、書き、コミュニケーションスキルを高める。 ・求められる力… パソコン検定（「パソコン検定協会」主催）、漢字検定（「（財）日本漢字能力検定協会」主催）、現代経済検定（「岐阜経済大学」主催）に合格する力。

経営学（1年次）②…必修

※○の数字は単位数を示す。
※基礎学習課程・専門学習課程は表中の3分野の各講義によって構成される。各分野の講義の中から選択して必要単位数を満たさなければならない。
　なお、（　）内は開講年次、「教職」は教職課程の科目、［　］内は各科目で扱うキーワードである。
注1…演習Ⅱ、演習Ⅲ（2012年度以前入学生については、スポーツ経営演習）のいずれかでPBL（体育・スポーツイベントの企画、運営）を行い、ゼミナール大会を含む公開の場で研究報告を行うこと。なお、PBLを実施しない演習Ⅱ及び演習Ⅲがあるため、事前に確認すること。
　　　PBLを実施しない演習の学生は、「スポーツ経営演習Ⅰ・Ⅱ」を履修すること。

出典：岐阜経済大学（2017a），153頁

も重要である。CSMのカリキュラムでは実践力を身につけることを目的として，1，2年のうちに行うインターンシップを重視している。インターンシップ科目である「スポーツボランティア」は単位を取得しているかどうかは卒業要件に含まれないが，スポーツ経営学科の学生全員が履修することになっている（履修必修）。この授業では，ボランティアに行く際のマナーやモラルなどの事前指導を行ったうえで，スポーツ関連団体で合計24時間以上のボランティア活動を行うことが単位認定の要件になっている。ボランティア活動の受け入れ先，内容としては，出身中学・高校での部活指導の補助や，JリーグクラブチームのFC岐阜のホームゲームにおけるイベント補助，本学で活動しているアスリート育成クラブ（後述）での指導補助などであった。

　スポーツ経営学科では中学，高校の保健体育と高校の商業の教員免許を取得することができる。体育・スポーツ系学部ほどではないが，本学スポーツ経営学科に毎年，保健体育の教員になりたいと言って入学してくる学生も多い。保健体育の教員免許が取得可能になったことで，入学生を確保できた部分もある。スポーツ経営学科の教員免許の取得者は毎年平均して約30名程度である。ほとんどが中学と高校の保健体育の組み合わせであるが，中には高校の保健体育と商業両方の免許を取得する学生もいる。

　教職希望者に対する特徴的な科目として，体育授業インターンシップと課外体育インターンシップがある。体育授業インターンシップは近隣の小中学校の体育の授業でそれぞれの学校の先生の補助として授業を手伝うものであり，課外体育インターンシップは近隣の中学校で部活動の指導の手伝いを行うものである。教員志望者全員がこのインターンシップ授業を受講するわけではないが，実習系科目が少ない経営学部の中で，教員になるための現場での経験を持たせることにより，子どもを見る目を養い授業づくりへの理解を深めつつ，高度な職業観，責任感，問題意識をもった教員の養成につなげている。

　スポーツマネジメントがもともと体育教育における経営管理が出発点だったという事実が示す通り，教員として学校体育に関わる場合にマネジメント能力は必須のものである。何度も見てきているように，本学科では一般経営系の学びが多く，教員を目指す学生も同様に一般経営学を学ぶ。そのため彼らが実際の教育現場に立った際に

は体育・スポーツ系の大学出身の教員や教育学部出身の教員とは異なる能力を持った教員として存在感を発揮できる可能性がある。

第3節 岐阜経済大学におけるスポーツに関連した活動

スポーツ経営学科設立の経緯にもあったように，岐阜経済大学ではスポーツによる入学生が多く，体育会系の部活動が盛んである。現在，19の体育会部活動があり，そのうちボート部，硬式野球部，陸上競技部，サッカー部，男子バレーボール部が強化指定部，女子バレーボール部，女子ソフトボール部，駅伝部が準強化指定部として活動している。特に近年は各部活動の競技力が向上しており，全国レベルの大会に出場したり入賞したりする部活も多くなってきた。競技を行う学生の受け皿としてスポーツ経営学科があるだけでなく，スポーツ経営学科での学びが競技力向上に役立つという相乗効果が見られている。

高校時代にスポーツを頑張っていて大学でもスポーツを続けたいと考えている受験生は，大学選択において自分の行っている種目の部活動がない大学は選択肢から外してしまう。その意味では，大学として部活動の種目を多く持っておけば，入学生の間口を広げることができる。その場合の部活動は，ただ単にあるというだけでなく，大学として強化していることも重要である。それは大学で部活を続けたいという学生は競技志向が強い傾向にあるためである。競技志向が高くなく，ただ単に自分の種目の活動の場があればよいという程度であれば，その種目のサークルがあればよいことになり，それほど大学の選択には影響しないと考えられる。一方で，小規模の大学が部活動の種目を多く持ちすぎると施設・用具に対する費用がかかりすぎるということにもなるため，現実的にはある程度の種目数に絞って強化していくことになる。

部活動の強化だけを進めても，学びの面でスポーツに関連したものがないと，入学者数は伸び悩む危険性があるが，本学においてはスポーツ経営学科が用意されていることで，スポーツ入学生数は高い水準を維持できている。上述のように岐阜経済大学には5種目の強化指定部，3種目の準強化指定部があり，その8つの部活動に関係する入学者だけで1学年約170人となる。これは岐阜経済大学の全学科の入学生のほぼ半分を占めている。当然スポーツ経営学科ではスポーツ入学生の割合はより高くなり

入学生の約7割を占めている。

その他に大学内の特殊な組織として「岐阜経済大学アスリート育成クラブ」というものがある。このクラブはスポーツ競技の選手発掘・育成を目指すとともに，指導者の技能の向上を図ることを目的とし 2014 年に誕生した。主にスクール事業を行っており，サッカー部門・アスレチック（陸上）部門・ランニング部門を開講し，未就学児童から小中高校生，一般のアスリートまでの指導を行っている。またトップアスリート派遣事業として小学校，中学校，高校，スポーツ少年団，その他地域のクラブへ，全国大会トップクラスの選手を育成したクラブスタッフを派遣し，各指導者への競技力向上のための指導方法の伝達を行っている。アスリート育成クラブの活動は課外活動団体の指導者や学生が中心となり運営・活動をしていくため，学生がスポーツマネジメントの実践を学ぶ場としても期待されている。2017 年度には，子どもたちが地域で行う様々な活動を支えている個人や団体の功績を称える「岐阜県地域子ども支援賞」を受賞するなど，地域貢献活動団体としても認知されてきている。

第4節 スポーツ経営学科卒業生の就職状況

スポーツ経営学科の卒業生の就職先としてはサービス業と小売業が多く，2016 年度はそれぞれ卒業生の約 20％と約 18％であった。その他には卸売業と金融保険業等の割合が比較的高い。また保健体育教員に採用された卒業生は常勤講師も含めると約8.5％（12 名）であった。

スポーツ経営学科では卒業後の進路として，スポーツメーカーやスポーツクラブ，スポーツ NPO 法人職員などに就職できるようにキャリア教育を進めている。しかし現状ではスポーツ関連企業への就職は多くなく，2016 年度は卒業生の約3.5％（5 名）であった。その内訳はフィットネスクラブ3 名，スポーツ教室1 名，スポーツ用品販売1 名である。実数として多くはないが，これらの企業はいずれもマネジメント，マーケティングなどのスポーツ経営学の知識が必要とされる職種である。大学で学んだことを活かしての活躍が期待される。

第5節　スポーツ経営学科における課題

　ここまでみてきたように，岐阜経済大学スポーツ経営学科ではスポーツマネジメントを学ぶ場として充実させるための取り組みが行われてきた。特に地域スポーツマネジャーやアスリート育成クラブなど独特な取り組みを通じて学生のスポーツマネジメント能力を養成してきている。本節では今後スポーツマネジメント教育をより充実させていくため，スポーツ経営学科を発展させていくための課題について考えていく。

　日本においてスポーツマネジメント教育で学ぶべき内容のガイドラインがない現状では，北米のスポーツマネジメント教育のガイドラインが参考になる。第2節でみたようにスポーツマネジメント教育において学ぶべき 10 の領域のうち，本学で科目が用意されていない領域について、科目の開講が望まれる。しかし，新たな科目を開講するにはその専門分野を教えることができる教員が必要であり，また科目数を増やすことにより人件費の増加にもつながるため、実現は難しいかもしれない。そのため次善の策として，以下のような対応も考えられる。現時点で不足している 5 領域（「スポーツマネジメントにおける倫理」，「スポーツコミュニケーション」，「スポーツのファイナンスと予算」，「スポーツ経済学」および「スポーツ法学」）について，関連する科目として一般経営学および一般教養の科目の中に倫理学，広告論，会計学および経済学が用意されている。現状では各科目の担当教員がそれぞれの専門に従って授業を行っているが，それぞれの授業の中でスポーツに関連した内容を取り入れることにより、不足している領域の学びを補完することが可能となる。

　スポーツ経営学科の学びをより充実したものにしていく，すなわちスポーツマネジメントの理論と経験に基づいた実践力を身につけられるカリキュラムへと昇華していくにためには，スポーツマネジメント専門の教員が中心的な役割を担うのは当然であるが，そこに任せきりになるのではなく，一般経営学をバックグラウンドとする教員やスポーツ科学をバックグラウンドとする教員も含めて連携していくことが重要である。お互いがアイデアを出し合う中から，弁証法的にスポーツマネジメント教育を構築していく必要がある（松岡他，2010）。

　しかし現状では難しい面もある。それは経営学部の教員内でスポーツ経営学科の学びの内容について共通認識が得られていないためである。本学科についてスポーツ経

営学を学ぶ場所ではなく，"スポーツ学"と"経営学"を別々のものとして学ぶ場所であると理解している教員も存在する。また一般経営系の教員の中にはスポーツの学生を毛嫌いする者もいる。一部のスポーツ入学生の中には，部活動だけを目的に大学に入学するため，学習意欲が低く，授業中に私語や居眠りをするなど学習マナーの悪い者がいるからである。

　上述のようにスポーツ経営学科としては，中心であるスポーツマネジメント教育を強化していく必要があるが，一方でスポーツ科学系の科目についても充実させていく必要がある。本学科の学生の中にもトレーナーやインストラクターを志望する学生も少なくない。当然このような職種であってもスポーツマネジメントの学びは重要であるが，他大学の体育・スポーツ系学部，健康系学部と比較してスポーツ科学系の授業が少なく，肝心の専門的な知識が不足してしまう。学校体育以外の場での指導の現場に進みたい学生にとっては，そのカリキュラムが整っていないという事になる。スポーツクラブ等に就職活動を行う学生もいるが，専門的な知識が不足しているために不採用になることも多く，その結果やむなく一般企業に就職するという現実もある。スポーツマネジメント系の科目新設と同様に，スポーツ科学系の科目数を増やすことは支出を増やすことにもなるため，小規模大学としては限度がある。また科目数をむやみに増やすことにより、スポーツ経営学科として学生に学ばせたいことが曖昧になってしまう危険性もある。トレーナーなどの実技指導に関わる専門職には関連した資格が用意されていることも多いため，資格取得専門の講座を開講することなどで対応することもできる。

　学生にスポーツマネジメントの現場を経験させるために，スポーツボランティアの授業が用意されているが，ボランティア活動の多くは母校での部活の指導やプロチームのイベントの補助であり，企画や運営などのマネジメントを経験する場としては十分でない。実践教育の場の確保のためには，外部の団体との連携が不可欠である。しかし外部の団体の立場で考えると，知識も経験も不足している学生にマネジメント部分を任せることは難しい。また無断欠席，態度不良など質の悪い学生がインターンシップに行くことにより，せっかく受け入れてくれた外部の団体に迷惑をかけてしまうことにもなる。一方で教育的な観点から考えると，学生にマネジメントの実践力を身

につけさせるには，多少不出来であっても最後までやりきらせることも重要となる。以上のようなことから知識も経験も不足している学生が最初から外部団体のイベントでマネジメントすることは現実的には難しい。そういう意味では，アスリート育成クラブは大学内部の組織であるため，実践教育のためには重要な場所である。ただしその場合にはアスリート育成クラブの運営に関して学生が主体でやるべきであり，教職員は一歩引いてアドバイスをする立場になる必要がある。

　よりマネジメント能力を必要とする実践を行うためには、理論について十分な知識を持っていることとともに、ある程度の実践の経験も必要である。1 年次の未熟なうちに難しい実践を行うのではなく 3，4 年次のゼミにおいて PBL として実践する方がより良い学びとなることもある。またその場合には，マネジメントを行うグループの全員が未経験者だとうまくいかない可能性があるため，ある程度の経験を積んだ上級生と経験の少ない下級生とが合同で実践を行う場を用意することが理想である。

　スポーツマネジメントを学ぶ学科であるからには，卒業後にスポーツマネジメントが必要とされる組織に就職することが望まれる。その点において，現状は十分とは言えない。スポーツ関連企業に応募していないわけではなく，応募しても採用されないという現実がある。これはスポーツ関連企業で採用される水準まで大学で学生を育てきれていないという事を示している。上述したスポーツマネジメント教育の充実により，理論と経験に裏付けられる実践力を身につけた学生を育てていくとともに，トレーナーなどの専門職に対応するためスポーツ科学系の学びも取り入れていく。これらの教育活動を充実させていくことにより，スポーツ関連企業への就職も増えてくるはずである。

　少数ではあるがスポーツ関連企業に就職する卒業生もいる。しかし卒業生がそれぞれの就職先でどのようにマネジメントの能力を発揮しているかは分からない。本学で認定している地域スポーツマネジャーの資格はスポーツマネジメントのために必要な単位を取得したことを示すものであり，一定の能力を保証するものではあるが，スポーツ経営学を学んだからと言って，実際に会社の中でそれを活かすことができるのか未知数である。大学で一度はスポーツ経営学を学んだとしても，場合によっては実践で活かすためには再度勉強しなおす必要があるかもしれない。さらにはスポーツマ

ネジメントで必要となる理論を忘れてしまって，我流で企画し，失敗しているかもしれない。スポーツ経営学科の卒業生がスポーツ関連の企業に就職した後，実践で役立つスポーツマネジメントの理論を勉強できる場として大学院を用意することも考えられる。2017年度からは岐阜経済大学経営学研究科の中にスポーツ経営学コースが増設された。スポーツ経営学科で学んだ学生がさらにスポーツマネジメントの知識を深める場になるとともに，実際に社会人として実務を経験した者にとって理論を学ぶ場（および再教育の場）として期待される。

　スポーツ経営学科の学生はスポーツ推薦での入学生が多い。学生の興味の中心は，自らの競技力の向上であったり実技の指導（教員，インストラクター，トレーナー）であったりする。それに関連したスポーツ心理学，運動生理学，スポーツ栄養学などの授業の人気は高いが，これらはすべてスポーツ教育コースの推奨科目である。1年次後期開始時に決定するコース分けにも学生の興味が良く表れており，スポーツビジネスコースの選択者と比較してスポーツ教育コースの選択者が圧倒的に多い。

　スポーツ経営学科で用意されているスポーツマネジメントに関する教育カリキュラムは，一部の科目に不足はあるが，それでもスポーツマネジメント能力を身につけるためにはかなり充実してきていると考えている。しかし残念ながら本学科の入学生はプレーヤーとしてスポーツに関わっている者が多く，マネジメントの経験がないために，その重要性にも気づくことができていない可能性がある。また大学側もスポーツマネジメントの学びの重要性について十分に伝えきれていない部分もある。そのためスポーツマネジメントの重要性や面白さについて伝えていくことが必要である。その方法のひとつとしてインターンシップによるマネジメント実践の繰り返しが挙げられる。最初は簡単な補助的な実践であっても，徐々にマネジメント的な要素を増やしていき，自分が企画・運営する中で成功体験を積むことで，マネジメントの理論を学ぶことの重要性について身を持って理解できるのではないかと考える。

　スポーツ経営学科の卒業生の進路としては，スポーツ関連産業よりも一般民間企業のほうが多い。そのように考えると，経営学についてもスポーツ中心に学ぶだけでなく，一般経営学として学ぶことも意義がある。この点に関しても，特にプレーヤーとしての興味しか持っていない学生に対して繰り返し伝えていかなければならない。

第6節 小括

　ここまで見てきたように，岐阜経済大学経営学部スポーツ経営学科は，体育・スポーツ系学部ではなく経営学部の中にあるスポーツマネジメント教育カリキュラムとして様々な特色を持っている。一部に不足している部分はあるが，カリキュラムとしては比較的良いものが用意されている。この学科での学びをより良くしていくためには，このカリキュラムをどう運用していくかにかかっている。運用に関しては本文中でも述べたように，スポーツマネジメント専門の教員だけが努力するのではなく，スポーツ科学系の教員，一般経営系の教員が力を合わせていく必要がある。言い換えればスポーツ経営学科における教育理念をすべての教員で共有して教育研究活動にあたるということでもある。

　18歳人口の急激な減少により，地方の小規模私立大学の経営はますます厳しさを増す。これからの大学経営では継続的改革を実現できるように，明確な目標を持って，それに邁進できる組織体制・組織づくりを行える経営が必要である（俣野・梅本, 2006）。組織として一丸となってスポーツマネジメント教育を行っていくことこそが，岐阜経済大学スポーツ経営学科の独自性を保つことになり，大学の生き残りにもつながっていくと考えられる。

参考文献

岐阜経済大学編・発行（2017a）『学生要覧・履修の手引き』

岐阜経済大学編・発行（2017b）『創立50周年記念誌』

小松章（2003）『基礎コース経営学第2版』新世社

俣野秀典・梅本勝博（2006）「知識社会における大学経営―金沢工業大学の事例研究」『大学行政管理学会誌』第10号，141-147頁

松岡宏高（2008）「日本の大学におけるスポーツマネジメント教育の現状と課題」『研究紀要』第5号，71-76頁

松岡宏高・藤本淳也・大野貴司（2010）「シンポジウム　スポーツマネジメント教育の現状と課題　（日本スポーツマネジメント学会第1回大会講演録・シンポジウム録）」『スポーツマネジメント研究』第2巻1号，107-118頁

松岡宏高・小笠原悦子（1999）「スポーツマネジメントの教育・研究領域―北米の動向―」池田勝・守能信次編著『スポーツの経営学』杏林書院，182-194頁

小笠原悦子（2008）「日本の大学におけるスポーツマネジメントのカリキュラムの今後のあり方」『研究紀要』第 5 号，85-92 頁

著者紹介

石原　英明　一般社団法人 Infinite Gifts of Sports 代表理事，岐阜経済大学経営学部非常勤講師（第 3 章担当）

大野　貴司　東洋学園大学現代経営学部准教授（編者，はじめに，第 1 章担当）

岡　　将志　合同会社 SSC 代表社員（第 4 章担当）

小椋　優作　中部学院大学短期大学部幼児教育学科助教（第 7 章担当）

柿島新太郎　中部学院大学スポーツ健康科学部・経営学部専任講師（第 8 章担当）

黒川　祐光　特定非営利活動法人あのうスポーツクラブ常務理事，岐阜経済大学経営学部非常勤講師（第 5 章担当）

坂本　桂二　長良川鉄道株式会社専務取締役，岐阜経済大学大学院経営学研究科非常勤講師（第 2 章担当）

篠田　知之　岐阜経済大学経営学部准教授（第 10 章担当）

庄司　直人　朝日大学保健医療学部専任講師（第 9 章担当）

中　宗一郎　公益財団法人岐阜県体育協会スポーツ科学センター研究員（第 6 章担当）

編者紹介

大野　貴司（おおの　たかし）

東洋学園大学現代経営学部准教授

略歴
1977年 埼玉県浦和市(現さいたま市)生まれ
2001年 明治大学経営学部卒業
2003年 明治大学大学院経営学研究科博士前期課程修了　修士(経営学)
2006年 横浜国立大学大学院国際社会科学研究科博士後期課程単位取得退学
岐阜経済大学経営学部専任講師,准教授を経て
2016年 現職
専門は,スポーツマネジメント,経営戦略論,経営組織論など。

主要業績
『スポーツ経営学入門』三恵社
『プロスポーツクラブ経営戦略論』三恵社
『スポーツマーケティング入門』三恵社
『人間性重視の経営戦略論』ふくろう出版
『体育・スポーツと経営』ふくろう出版(編著)
『賃金事典』労働調査会(共著)
『スポーツ白書2014』公益財団法人笹川スポーツ財団(共著)
『経営者育成の経営学』櫻門書房(共著)
『よくわかるスポーツマネジメント』ミネルヴァ書房(共著)

スポーツマネジメント実践の現状と課題 —東海地方の事例から—

2018年 3月12日　　初 版 発 行
2021年 3月 8日　　第2刷発行

編 者　大野　貴司

発行所　　株式会社　三恵社
〒462-0056 愛知県名古屋市北区中丸町2-24-1
TEL 052 (915) 5211
FAX 052 (915) 5019
URL http://www.sankeisha.com

ISBN978-4-86487-788-6 C3075